해외선물투자의 이해

차트에 살자

박용화 · 양창수 지음

서울경제경영

목차

FUTURES

프롤로그

박용화

오랫동안 대학에서 물류학을 가르치면서 많은 젊은이의 미래를 고민하며 살아왔다. 교수라는 역할이 단순히 지식을 전달하는 것이 아니라, 학생들이 더 넓은 세상을 볼 수 있도록 돕는 일이라는 것을 깨달았기 때문이다.

젊은 시절 영국에서 유학할 때, 세계 각국에서 온 친구들과 어울리면서 대한민국이 참 작은 나라라는 것을 절실히 느꼈다. 미국, 중국, 러시아, 인도, 일본, 독일, 프랑스 같은 나라들은 방대한 국토와 풍부한 자원, 그리고 거대한 인구를 기반으로 산업화와 제국주의 시대를 거치며 부를 쌓아왔다. 반면, 우리는 그러한 요소 없이 맨몸으로 여기까지 왔다는 생각이 들었다.

유학을 마치고 어렵게 한국으로 돌아와 연구원과 교수로 평생을 지내면서 이러한 고민은 늘 따라다녔다. 특히 젊은 학생들을 볼 때마다 '이들에게 더 나은 미래를 만들어주려면 어떻게 해야 할까?'라는 생각이 떠나질 않았다. 이제 이 책을 쓰는 이유도 바로 그 때문이다. 한때 내 어깨를 짓눌렀던 고민을 이제는 내려놓고, 대신 조금이나마 도움이 될 이야기를 전하고자 한다.

현대 교육 시스템은 급변하는 산업 환경을 즉각적으로 반영하지 못하는 한계를 지니고 있다. 특히 대학 교육은 체계적으로 검증된 지식 전달에만 치중하여, 혁신적인 벤처 사업이나 신흥 산업 분야의 탄생이나 변화를 다루기에는 역부족인 실정이다. 그러나 우리나라와 같은 자원 빈국에서 금융 산업은 생존과 번영을 위한 필수 분야라 할 것이다. 따라서 실전 중심의 깊이 있는 금융 교육이 시급하다고 판단하였다.

특히 자원과 인구, 국토 면적이 제한적인 우리나라의 미래 세대들에게 금융 역량 강화는 선택이 아닌 필수요건이라 생각한다. 평생 교수로서 제자 양성에 인생을 바쳤지만, 작금 교육 제도의 한계 속에서 글로벌 경쟁력이 갈수록 저하되고 진로의 폭이 좁아지는 현재의 젊은 이들과 평범한 이들에게 꼭 전하고 싶은 조언이 있다.

어느 한적한 카페에서 편하게 차 한잔을 마시며, 그동안 관심을 가지지 못했던 멋진 풍경을 감상하듯 이 글을 읽어 주길 바란다. 필자는 단순히 경제 이야기를 풀어내고자 이 책을 집필하는 것이 아니다. 절실한 마음으로, 평범한 사람들이 경제적 자유를 이룰 수 있도록 돕기 위해 이 책을 쓰고 있다.

필자는 주식이나 선물 거래로 부(富)를 쌓은 사람이 아니다. 다만 물류학자로서 세계 경제를 지켜보며 전망하고, 예측 가능한 정보를 전달하고자 한다. 이러한 정보를 통해 부를 만들어 가는 것은 독자들의 몫이며, 필자는 이를 돕기 위한 가이드 역할을 하고자 한다.

금융시장은 누구에게나 열린 기회다. 소자본이든 대자본이든, 주식이든 선물이든 관계없이 모두가 참여할 수 있으며, 학력이나 성별, 나이, 신체 조건과 무관하게 공정하게 경쟁할 수 있는 시장이다. 글로벌 금융시장에 개인이 별다른 비용을 들이지 않고도 참여할 수 있다는 점은 우리나라와 같이 자원이 부족한 국가의 개인들에게 큰 기회가 될 수 있다.

대한민국은 세계 최고 수준의 인터넷 인프라를 보유하고 있으며, 이는 금융시장에서도 강력한 경쟁력이 될 수 있다. 과거에는 투자자들이 신문, TV, 증권사 객장 현황판에 의존했다면, 이제는 AI 기술과 협업하며 실시간으로 모바일 기기를 통해 금융시장을 접할 수 있는 시대가 되었다. 이러한 변화 속에서 우리는 세계 경제 시장에서 능동적으로 경쟁할 수 있는 환경을 갖추고 있다.

흔히 한국인은 '빨리빨리'라는 특징을 지닌 민족으로 평가된다. 이는 단순한 습관이 아니라, 끊임없는 변화에 적응해야 했던 역사적 경험에서 비롯된 것이다. 사계절이 뚜렷한 환경에서 살아오며 변화에 익숙해졌고, 외세의 침략 속에서도 살아남아야 했던 역사적 경험은 빠른 판단과 결단력을 요구했다. 이러한 기질은 금융시장에서도 강력한 경쟁력이 될 수 있다.

필자는 점점 성장하는 금융시장과 변화하는 트레이딩 환경 속에서, 평범한 사람들이 글로벌 금융시장에서 부를 창출할 수 있도록 돕고자 한다. 다양한 금융 상품 중에서도 특별하게 해외 선물 거래에 초점을 맞춰 이 책을 집필하고 있으며, 그중에서도 미국 나스닥 지수선물을 다룰 예정이다.

이 책을 통해 독자들은 단순히 돈을 버는 정보만 얻는 것이 아니라, 이를 계기로 경제적 자유를 이루는 도구를 발견하길 바란다. '선물투자'라는 단어가 다소 생소하게 느껴질 수도 있지만, 필자는 이를 통해 독자들에게 더 행복하고 안전한 미래를 설계하는 기회를 제공하고자 한다.

학자로서 오랜 시간 연구하고 가르쳐 오며 깨달은 점은 글로벌 경제에서 '시스템'이 가장 중요하다는 것이다. 감에 의존하는 투자나 뉴스에 휩쓸리는 방식으로는 장기적인 성공을 기대하기 어렵다. 세계경제를 주도하는 거대 자본 세력은 단순한 교과서적 논리로 움직이지 않기 때문이다. 따라서 체계적이고 규율이 있는 시스템을 기반으로 하는 투자가 필요하며, 이를 통해 꾸준하고 안정적인 수익을 창출할 수 있다는 것이다. 이 책은 독자들에게 이러한 시스템을 소개하고자 한다. 특히 선물 시장에서의 시스템 트레이딩이 어떻게 자산을 증식할 수 있는지, 그리고 그것이 삶에 어떤 변화를 가져올 수 있는지를 설명하고자 한다.

필자가 이 책을 쓰게 된 계기는 래리 하이트(Larry Hite)의 『부의 원칙(The Rule)』을 읽으면서였다. 평범한 배경에서 시작해 월스트리트의 전설이 된 그는 시스템 트레이딩을 통해 성공을 거두었다. 필자는 그의 철학에서 깊은 영감을 받았고, 이를 현실에 맞게 적용하고자 했다.

또한, 공저로 함께 한 절친한 친구는 오랜 기간 모든 연락을 끊고 선물 거래 시스템 트레이딩을 구축하는 데 몰두해왔다. 그의 철학이 래리 하이트와 놀랍도록 닮아 있었고, 이에 깊이 공감하며 함께 책을 쓰기로 결심했다.

많은 사람은 경제적 자유를 꿈꾸며 투자에 관심을 두지만, 올바른 방향을 찾지 못해 헤매기도 한다. 복잡한 금융 서적에 압도되거나 잘못된 정보로 인해 큰 손실을 보는 경우도 많다. 이 책은 그러한 사람들을 위해 쓰였다. 복잡한 금융 이론이 아니라 실용적인 지식을 중심으로, 선물 시장에서 시스템 트레이딩이 어떻게 자산을 안정적으로 늘릴 수 있는지에 초점을 맞추었다.

당신의 첫걸음: 성공한 트레이더로 성장할 때까지 차트와 마음으로 쓰는 편지

1. 시작하며 : 투자는 강물에 배를 띄우는 일

돈을 벌고 싶은 마음은 강물이 흐르는 것처럼 자연스럽다. 하지만 그 강물에 배를 띄울 때는 나침반도, 지도도, 밤하늘의 별자리도 알아야 한다.

옛 금광을 찾아 떠났던 사람들 이야기가 생각나는가? 누군가는 첫

삽질에 금을 캐고, 누군가는 끝까지 허탕을 쳐야만 했다. 그 차이는 「어디를 파야 할지」 아는 정보에 있었다. 석유, 금, 인터넷, 비트코인…

변화의 물결을 타는 이들은 늘 새로운 땅을 개척했다. 그들은 두려움에 주저앉지도, 욕심에 눈이 멀지도 않았다. 단지 강물의 흐름을 읽고, 작은 노를 저었을 뿐이다.

이 책은 당신의 배를 위한 나무 조각 하나가 되고 싶다. 차분히 강을 건너는 법, 파도가 밀려올 때 몸을 낮추는 법을 알려 주고 싶다.

2. 시스템 트레이딩: 나침반 대신 등대를 믿어라!

래리 하이트(Larry Hite)라는 선장을 아는가? 그는 폭풍우 속에서도 배를 지켜낸 현명한 항해사였다. 그의 비결은 간단했다. "등대의 빛을 따라가라"였다.

시장은 예측할 수 없는 바다다. 감정과 직관은 갑작스러운 먹구름처럼 당신을 흔들 것이다. 하지만 시스템은 등대처럼 길을 밝힌다. 규칙을 세우고, 손실의 한계를 정하고, 과거의 파도가 남긴 흔적을 따라가는 것! 마치 밤새 켜놓은 작은 등불처럼 말이다.

시스템은 완벽하지 않다. 때로는 등대의 빛이 흐릿해질 때도 있다. 그럴 땐 배의 돛을 조금 내리고, 노를 다시 젓는 법을 배우면 된다. "꾸준함이 가장 빠른 지름길이다"라는 노련한 선장들의 속삭임이 들리는가?

3. 선물투자: 날개를 달되, 낙하산을 메라

선물은 미래와의 약속이다. 오늘 10만 원으로 100만 원 짜리 기회를 잡을 수 있지만, 그만큼 바람을 타고 높이 날아갈 때는 땅으로 떨어질 위험도 크다. 초보자에게 필요한 건 '낙하산'이다. 첫 비행은 반드시 모의훈련으로 시작하라. 종이 항공기를 접듯 차트를 펼쳐놓고, 구름 한 점 없는 날씨에 연습하는 마음으로.

손절매는 낙하산의 끈을 단단히 묶는 일이다. "이 높이까지 떨어지면 반드시 땅으로 내려가겠다"라고 결심한 순간, 공포는 사라진다. 추세는 바람의 방향이다. 역풍을 맞으며 나는 새는 지치기 마련이다.

4. 실패에서 배우다: 넘어진 자리가 가장 좋은 스승

모든 선장은 폭풍을 겪는다. 1987년 검은 월요일, 주식시장은 눈 깜짝할 사이에 무너졌다. 래리 하이트는 시스템을 믿었고, 많은 이들은 눈물을 삼켰다.

당신이 피해야 할 암초 세 가지

- 물타기: "한 번만 더"는 모래구덩이다.
- 과한 레버리지: 날개가 너무 크면 부러진다.
- 예측의 유혹: "이번엔 다를 거야"는 바다 요괴의 속삭임이다.

실패는 지도에 표시되지 않은 섬을 발견하는 일이다. 한 번의 좌초가 당신의 항해일지에 새로운 경고등을 그려줄 것이다.

5. 마치며: 당신의 항해일지가 시작되다

이 책은 지도책이 아니다. 항해의 맛을 느끼게 해줄 차 한 잔 같은 존재이다. 부는 복잡한 공식이 아니다. 규칙을 만들고, 고치고, 다시 시도하는 반복일 뿐이다. 차트에 그려진 선들은 모두 당신보다 먼저 바다를 누빈 이들의 발자국이다. 한 걸음 내딛는 순간, 당신의 이야기도 그 위에 새겨질 것이다.

두려움은 배의 닻을 내릴 때만 풀어주어라. 파도는 당신이 노를 젓는 법을 알려주는 스승이니까.

> 투자는 강물에 이름을 새기는 일
> 내 뱃전에 스치는 물소리를 들으며
> 천천히, 그러나 멈추지 말고 저어가라
>
> *- 바다에서 온 편지*

이제 배 한 척을 물 위에 올려 보아라. 첫 노 젓기가 두렵다면, 이 책의 페이지를 넘기는 소리가 파도 소리가 되어 당신을 목적지까지 인도할 것이다.

1

왜 선물로
재테크를 해야 하나?

1.1 기울어진 운동장

달리기 선수가 되기 전에

땅은 태어날 때부터 기울어져 있었다.

모두 같은 백 미터 트랙에서 달리지만, 누군가는 출발선에 서고, 누군가는 중간 지점에서 뛰어오른다. 금수저는 단지 그들이 더 가벼운 운동화를 신었다는 뜻이 아니다. 그들은 아예 다른 트랙을 달리고 있는 것이다.

자본 시장은 이 사실을 외면할 때 더 잔인해진다. "공평함"을 요구하기 전에, 발밑의 땅이 얼마나 기울어져 있는지 마주해야 한다. 눈을 감고 뛰는 것은 용기가 아니라 무모함인 것이다.

타임머신을 타고 떠나는 상상

'1980년, 강남 땅값이 평당 10만 원이던 시절로 돌아간다면?' 아버지의 친구가 속삭인다. "저기 논밭뿐인 땅, 훗날 서울의 중심이 될 거야." 그 말을 믿고 모든 것을 걸었다면, 당신은 지금 고층 빌딩 옥상에

서 커피를 마시고 있겠지. 하지만 그때 당신의 주머니에 동전 몇 개밖에 없었다면? 혹은 다음 달 식비가 걱정되어 기다리지 못했다면? 정보는 빛났지만, 자본과 시간이 그림자를 드리웠다. 부동산은 과거의 금광이었다. 하지만 이제 그 땅은 너무 무거워졌다. 오늘의 금광은 다른 곳에 있다. 차트가 흔들리는 화면 속에서, 실시간으로 피어나는 꽃을 찾아야 한다.

편의점과 카페의 전쟁

동네 구멍가게 주인은 아침마다 대형 마트를 쳐다본다. "왜 나만 유통비와 대출 이자를 더 내야 하지?" 청년 바리스타의 꿈은 프랜차이즈 간판에 가려진다. 자본은 눈에 보이지 않는 담장을 쌓는다. 은행은 큰 배에는 저울추를, 작은 배에는 돌을 싣는다. 주식시장에서 기업은 배를 키우고, 개인은 헤엄치다 지쳐서 가라앉는다. 이게 기울어진 운동장의 법칙이다. 하지만 다른 경기장이 있다. 선물 시장은 키 작은 이들도 점프대를 타고 높이 올라갈 수 있는 곳이다. 한 푼의 자본이 천 푼의 기회가 되는 곳, 낡은 운동화로도 새로운 트랙을 달릴 수 있는 곳이다.

학교에서 가르쳐주지 않은 것

우리는 열심히 달리기를 배웠지만, 트랙이 기울어져 있다는 걸 몰랐다. 경제 교과서는 '성실함'에 상을 준다고 했지만, 현실은 달리기의 방향을 가르쳐주지 않았다. 주식시장은 거대한 축구장 같다. 누군가가 공을 차면 골대가 움직인다. 내부자의 속삭임, 자본의 그림자 등. 개인은 오프사이드 트랩에 걸리기 일쑤다. 반면, 선물 시장은 탁구대 같아서 라켓만 들면 누구나 네트 건너편과 맞설 수 있다. 규칙은 간단하되, 전략이 승부를 결정하는 것이다. 한 치의 실수도 허용되지 않는 긴장감! 그래서 더 공정하다고 느껴진다.

새로운 운동화를 신고

기울어진 땅을 평평하게 만들 순 없다. 대신 다른 경기장을 찾아야 한다. 부동산은 이제 옛이야기이고, 자영업의 문은 점점 좁아진다. 선물 트레이딩은 당신에게 시간, 정보, 작은 자본이라는 세 개의 날개를 준다. 레버리지는 날개를 키우는 것이 아니라, 바람을 타는 법을 배우는 것이다.

이 책은 땅을 파는 삽이 아니다. 하늘을 나는 법을 적은 길잡이다. 한 번의 점프로 트랙 끝까지 가라는 게 아니라 한 발씩 디딜 때마다 운동장의 기울기가 조금씩 평평해지는 걸 느끼게 될 것이다.

> "달리기를 멈추지 마세요.
> 다만 방향을 바꿀 줄 아는 지혜를 가지세요."
>
> *- 트랙 가장자리에서 스쳐 간 바람이 남긴 말 -*

이제 운동화 끈을 단단히 묶자.

이번엔 당신이 트랙의 기울기를 뒤집을 차례이다.

1.2 사라져 버린 인생 역전 사다리

울타리 너머로 손을 뻗으며

사다리는 어디로 사라졌을까? 옛날이야기처럼 들리는가? '성실함만으로도 계단을 오를 수 있다'라는 말. 이제 그 계단은 허물어졌다. 아래층에선 사람들이 서로를 밟고 올라가고, 위층에선 사다리를 걷어찬다. 추락하는 이들은 외친다. "왜 나만 미끄러지는 걸까?" 하늘을 보아라. 금으로 된 손잡이가 달린 사다리는 이미 누군가가 안전하게 올라간 뒤 땅으로 던져버렸다.

울타리와 그림자의 법칙

큰 나무는 작은 나무에 햇빛을 가린다. "자연의 법칙이야"라고 말하며 뿌리 밑 물을 독차지한다. 중앙은행은 철창을 두르고 '재정 건전성'

이란 표지판을 붙인다. '가계부채'라는 모래시계는 서민들의 어깨에서 흘러내리지만, 금융가의 주머니에선 모래가 황금으로 변한다.

대기업은 공장 벽을 높여 노동자의 숨소리를 가로막고, 비정규직이란 이름표를 단 이들은 영원히 출입문 앞을 맴돈다.

거울에 비친 공정의 유령

"능력이 전부다"라는 표어가 학교 복도에 걸려 있던 날이 그리운가? 현실은 유리창에 박힌 표어처럼 반짝이지만 그 뒤로는 금수저들의 만찬이 펼쳐진다.

프랜차이즈 간판이 동네 구석을 밝히면 한 가게의 전등이 꺼진다. 청년의 창업 꿈은 대기업의 할인 쿠폰에 짓밟히고, 로봇이 차린 커피숍에서 바리스타의 꿈은 향기를 잃는다. "공정"이란 단어는 이제 창고에 쌓인 낡은 상자처럼 먼지만 뒤집어쓰고 있다. 무너진 계단 사이로 보이는 빛, 그래도 포기하진 마라. 허물어진 사다리 조각들 사이로 새로운 길이 보인다.

선물 시장은 깊은 계곡에 돌을 던져 만든 징검다리 같다. 한 발을

여기선 거대한 자본이
당신의 발목을 잡지 않아요.
차트의 파도가 밀려올 때,
작은 배도 항해사가 될 수 있습니다.
레버리지는 키를 잡는 법을 배우는 일이지,
배를 키우는 게 아니에요.

디딜 때마다 돌이 흔들리지만, 그 흔들림이 오히려 발밑을 단단하게 만든다.

새로운 사다리를 짓는 법

과거의 금융시장은 무거운 돌로 계단을 쌓았다. 이제 우리는 가벼운 대나무로 새로운 사다리를 엮어야 한다.

> 한 올 한 올 전략이라는 실로 엮고,
> 백테스팅이라는 못을 박아
> 흔들리지 않게 합니다.
> 손절매는 발판 사이의 안전줄이 되고,
> 시스템 트레이딩은
> 사다리가 기대는 단단한 벽이 됩니다.
>
> "허공을 오르는 사다리는 발아래 땅을 보지 않는 이에게만 견고해집니다."
>
> *- 어느 밤하늘의 별이 속삭인 말 -*

이제 발을 들어 보라. 첫 번째 발판이 당신의 무게를 견디고 있을 것이다.

1.3 사라지는 일자리, 그리고 다가오는 기회

로봇과 나눈 오후의 대화

공장 문이 닫히는 소리

어느 날 아침, 공장의 철문이 영영 열리지 않았다. 로봇 팔이 인간의 손을 대신해 컨베이어 벨트를 움직이더니, 이젠 AI가 서류 더미 위에 도장을 찍는다. 은행 창구에선 디지털 얼굴이 미소 지으며, "고객님, 대출 금리는 이렇습니다"라고 말한다. 우리는 교실에서 배운 직업이 사전에서 사라지는 걸 지켜보게 된다. 마치 겨울나무에서 떨어진 잎사귀처럼 어디로 흘러갈지 모른 채 바람에 휩쓸린다.

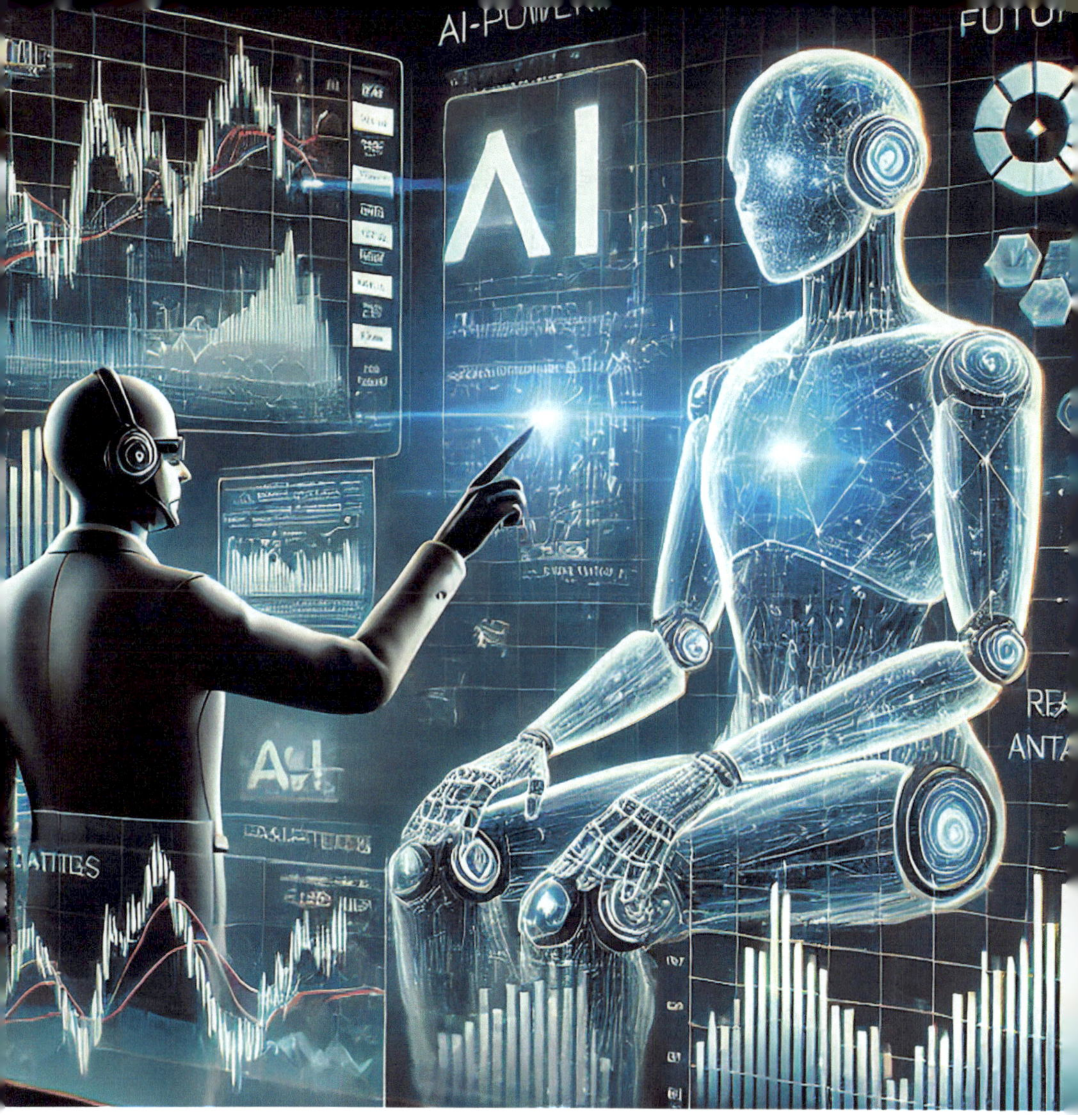

시계태엽과 알고리즘

AI는 밤낮없이 돌아가는 시계태엽 같다. 초침은 데이터를 삼키고, 분침은 패턴을 해체하며, 시침은 미래를 가리킨다. 인간은 그 옆에서 고장 난 오르골처럼 잊힐까 봐 떨고 있다. 하지만 시계는 절대 알지 못한다.

커피잔에 비친 노을빛이 왜 사람들을 울리는지, 주식 차트의 붉은 음봉이 어떤 이의 생계를 앗아 갔는지를!

감정이라는 이름의 섬

인간에게 남은 땅은 좁아졌지만 아직 섬이 있다. 감성의 암초, 창의성의 모래사장, 복합적 사고의 파도가 치는 곳이다. AI가 예측한 구름 그림자 아래서 우리는 비가 올지 말지 내기를 한다. 하지만 하늘을 올려다보는 건 여전히 인간의 눈동자이다. 구름 사이로 스치는 바람의 냄새, 먼 곳에서 울려오는 천둥소리 - 그것들을 숫자로 변환할 순 없다.

선물 시장: 로봇과의 춤

금융시장은 이제 거대한 규모가 되었다. AI는 박자를 정확히 맞추는 춤꾼이라지만, 인간은 음악의 숨결을 읽는 반주자이다.

✣ 알고리즘의 발걸음 따라가기

로봇이 쌓은 데이터 계단을 올라
창가에 서서 미래를 내다 보라.
머신러닝이 건넨 망원경으로
파도의 리듬을 예측하되,

갑판에서 바람을 느끼는 건
당신이다.

✜ 직관이라는 나침반

AI가 그린 지도에
인간의 손길로 표시를 남기라.
"여기엔 정치적 폭풍이 몰아칠 것"
"이 항구에선 투자자들의 공포가 들릴 것"
숫자로 설명할 수 없는 것들을
여백에 적어두자.

✜ 리스크, 그 감정의 파도 잠재우기

AI가 만든 방파제 안에서
자본이라는 배를 정박하라.
"오늘은 2%만 항해하자"
"이 해류는 피해야 해"
감정의 돛을 내리고
데이터의 노를 저어야 한다.

새로운 직업: 미래의 등대지기

사라진 일자리에 새로운 등대가 세워 진다. 그 등대의 불빛은 AI가 분석한 파도 예보와 인간이 읽은 바람의 방향을 하나로 합친 신호이다.

선물 시장은 이 등대 아래서 작은 배들을 맞이하는 항구가 되었다. 한 톨의 자본으로 출발한 이들이 알고리즘의 조류를 타고 부의 섬을 찾아가는 곳이다.

> "로봇은 배를 만들지만,
> 항해사는 여전히 인간입니다."
>
> *- 디지털 바다의 전설에서 -*

당신의 항해일지 첫 장

기계음이 가득한 세상에서 당신의 펜이 종이 위를 스치는 소리가 새로운 직업이 된다. AI가 건넨 숫자 위에 감성의 물감을 칠하고, 전략의 선을 그어보자.

이제 항해를 시작할 때이다. 로봇의 지도와 인간의 직관이 하나의 나침반이 될 테니. 파도는 배우려는 자에게 조언을 속삭일 것이다. 그저 귀 기울이라.

1.4 신보호무역주의로 인한 글로벌 시장의 경쟁력 악화

오늘의 바다에는 새로운 파도가 일고 있다. 각국이 배를 단단히 묶으며 외친다. "우리만의 항구를 지키자!" 하지만 이 거대한 철벽 사이로 작은 배 한 척이 미끄러져 들어온다. 철의 장막과 종이배. 관세라는 이름의 쇠사슬이 국경을 따라 쩌렁쩌렁 울린다. 원자재 가격은 폭풍에 휘말린 부표처럼 오르내리고, 환율은 갈매기의 날갯짓처럼 예측할 수 없이 변한다.

공장의 굴뚝에서 나오던 연기는 이제 실업률 통계표 속 숫자로 변했다. 노동자들의 주머니에 구멍이 나면 삶의 모래시계가 더 빠르게 흘러간다.

폭풍우 속의 등대

이런 날엔 작은 등대가 필요하다. 선물 시장은 종이배를 탄 이들에게 파도를 가르는 법을 알려주는 등대이다.

✤ 헤징(hedging)이라는 방패

원유 가격이 치솟을 때, 선물 계약으로 배의 갑판을 덮으라. 금값이 폭락할 땐 숏 포지션(short position)이 낙하산이 된다.

✤ 모의투자라는 연습장

종이배를 띄우며 파도타기를 배우라. 가상의 폭풍이 배를 뒤집어도 진짜 배는 안전하다.

✤ 소액의 돛

작은 돈으로 큰 바람을 잡아보라. 레버리지는 항해사의 조종간처럼 방향만 제대로 잡으면 된다.

새로운 항로 개척자

보호무역주의가 세운 철벽 사이로 디지털 항해사들이 지나다닌다. 비트코인 선물은 국경을 모르고, 금융 알고리즘은 관세 장벽을 뛰어넘는다. 당신의 투자 전략 서류철에 이 세 가지 지도를 넣으라.

① 글로벌 경제 일기예보

② 원자재 파동 예측도

③ 통화 바람 방향 표시계

이 지도들은 완벽하지 않지만, 침실 조명 아래서 당신만의 항로를 그리는 데 도움이 될 것이다.

폭풍이 주는 선물

경제 위기는 바다의 겨울과 같다. 추위에 떨며 항구에 머물 수도 있지만, 뜨거운 차 한 잔 들고 새로운 항해 계획을 세울 수도 있다. 선물시장의 파도는 경험 많은 선장에게는 기회가 되고, 겁먹은 항해사에겐 위협이 된다. 당신의 돛대에 매달린 깃발이 어느 쪽을 향할지 선택하라.

> "진정한 풍랑은 바다가 아니라
> 우리 마음속에 일어납니다."
>
> *- 오래된 항해일지 마지막 페이지에 적힌 문구 -*

이제 종이배를 접는 법을 멈추고, 진짜 돛을 펼칠 때이다. 첫 물결이 닥치기 전에 노를 젓기 시작하라.

성벽 너머로 흔들리는 그물

다시 쌓이는 돌담

나라들마다 어쩐 일인지 성벽을 높여간다. 관세라는 돌을 쌓아 다리 위에 검문소를 세운다. 과거에 흘러넘치던 강물은 이제 각자의 도랑으로 갈라져 흐름이 느려졌다.

공장의 기계음 대신 무역 장벽이 울리는 소리가 글로벌 시장을 멍들게 한다. 공급망은 흔들리는 그물처럼 물고기를 놓치고, 고용의 배는 갈대처럼 바람에 휘청인다.

흔들리는 주머니 속 동전

보호무역주의는 시장에 거대한 진자를 던진다. 원자재 가격이 오르내리고, 환율은 종잇장처럼 바람에 날린다. 아침마다 뉴스를 보는 눈이 무거워진다. “오늘의 일자리는 안전할까?” 철강 공장 노동자의 밥그릇이 바다 건너 관세 협상 테이블에서 흔들리고 있으니까. 이런 날엔 창문을 열어두자. 바깥바람이 새로운 길을 알려줄지도 모르니까.

폭풍 속의 작은 돛대

선물투자는 흔들리는 배에 달아놓은 구명보트 같다. 가격 변동이라는 파도를 타며 위험을 헤징하는 법, 그것이 현명한 항해사의 기술이다. 초보자는 조각배를 타고 모의투자라는 모래사장에서 노를 저어보라. 파도가 손바닥만큼 올랐다 내렸다 해도 실패는 바닷물에 씻겨갈 뿐이다. “조금씩, 그러나 꾸준히”, 바다의 속삭임을 따라가다 보면 어느새 폭풍도 당신의 스승이 된다.

깨진 그물코 사이로

보호무역주의가 던진 그림자 속에도 빛은 새어 들어온다. 기술과 금융의 등불을 들고 미로 같은 시장을 헤쳐 나가면 새로운 어장이 보이게 된다.

AI가 분석한 해류 지도와 인간의 직관이 만나는 곳, 그곳에서 수익의 물고기가 반짝이는 꼬리로 신호를 보낸다. 소득 다각화는 그물을 던지는 게 아니라 낚시대를 여러 개 드리우는 지혜인 것이다.

파도를 삼키는 자, 파도 타는 자

경제 위기는 커다란 파도와 같다. 몸을 웅크린 채 삼켜질 때까지 기다리면 바닷속 깊은 어둠이 당신을 감싸겠지만 파도의 등에 올라타면 저 멀리 새로운 섬이 보인다.

선물 시장은 그 파도의 높이를 측정하는 눈금자이다. 손절매는 미끄러질 때 잡는 줄기고, 레버리지는 멀리 보이는 섬까지 빠르게 달려가는 돛이다.

폭풍은 강자를 만들지 않아요.

현명한 자가 폭풍을

스스로의 바람으로 만드는 거죠.

- 오래된 항해일지의 한 구절 -

당신의 그물을 수리할 시간

이제 창밖을 보라. 성벽으로 막힌 하늘도 구름 사이로 빛이 스며든다. 선물투자는 그 빛을 따라 새로운 길을 여는 송곳이다.

종이배에 적힌 전략을 펼치고 데이터의 노를 저어보라. 바다는 아직 당신에게 기회의 파도를 선사할 테니. 한 번의 조류를 읽는 연습이 내일의 풍요로운 항해를 약속할 것이다.

1.5 비정규직과 자영업자, 그리고 새로운 기회의 문

유리창 너머의 등대

임시 계단에 선 사람들

'비정규직'이란 단어는 사무실 창가에 놓인 화분처럼 언제라도 옮겨질 수 있다는 걸 알려 준다. 월급날마다 계약서의 만료일을 세고, 아침엔 출근길이지만 저녁엔 실업급여 신청길이 될 수 있는 흔들리는 사다리 위에 서 있다. 자영업자들은 외로운 등대지기다. 대형 프랜차이즈라는 거대한 파도에 작은 등불이 꺼질 듯 아스라해 지지만, 그래도 매일 아침 문을 연다. "오늘은 손님이 올까?" 창문에 닿은 햇살이 영업시간 표지판을 스칠 때까지.

틈새로 스민 바람

그러나 유리창의 금이 간 곳으로 새로운 공기가 들어온다. 선물투자는 그 틈새를 따라 미지의 방으로 통하는 문이다. 누군가는 말한다. “도박 아닌가?” 하지만 이 문을 두드리는 소리는 주사위 굴리는 소리보다 계산기 버튼을 누르는 소리에 가깝다. 숫자와 패턴, 원칙이 쌓인 합법적 모험의 시작인 것이다.

종이배를 타고 떠난 남자

한 남자가 있었다. 비정규직이란 이름표를 떼고 모의투자라는 종이배를 탔다. 처음엔 파도가 종이를 적셔 무너질 듯 흔들렸지만, 손절매라는 테이프로 구멍을 막으며 배워 나갔다. 그는 아침마다 차트를 펼쳐 파도의 리듬을 익혔다. 이동평균선은 조류의 방향이었으며, 상대강도지수(RSI)[1]는 물결의 높이였다.

3년 후, 그의 종이배는 작지만 튼튼한 어선이 되었다. 이제 그는 바다에서 수익이라는 물고기를 잡는다.

바다를 배우는 법

✣ 파도 소리 듣기

유튜브 강의는 바다의 속삭임이다.

책 한 페이지는 조류 지도의 한 줄이다.

모의투자로 종이배를 띄우며

파도가 손바닥을 스치는 걸 느껴보라.

1 RSI(Relative Strength Index)는 1978년 미국의 웰리스 와일더(J. Welles Wilder Jr.)가 개발한 지표로서 가격의 상승압력과 하락압력 간의 상대적인 강도를 나타냄

❖ 작은 그물 던지기

해외여행 한 번 다녀온다는 값으로 시작하자.

한 푼의 손실도 아프지만,

그 아픔이 파도를 읽는 눈이 된다.

"오늘은 0.5%만"

작은 결심이 모여 항해의 지도가 된다.

❖ 등대들의 모임

외로운 항해는 위험하다.

트레이딩 커뮤니티에서

다른 선장들의 등불을 모으라.

"이 해역엔 폭풍이 올 거야"

"저 섬에는 좋은 어장이 있다."

조언은 나침반이 된다.

❖ 폭풍을 피하는 기술

손절매는 갑판의 안전줄이다.

레버리지는 돛을 조절하는 법이지,

바람을 거스르는 힘이 아니다.

"10% 손실 시 즉시 하선"

규칙은 배를 지키는 갑판장이다.

유리창을 열고 바다로

비정규직의 사무실 창문에 손바닥을 올려 보라. 깨지지 않은 유리 너머로 파도가 보인다. 자영업자의 카페 테이블 위 커피잔 속에 차트가 비친다. 떠오르는 크레마는 상승 추세선을 닮았다.

두려움은 문을 닫게 하지만, 호기심은 열게 한다. 종이배라도 좋으니 오늘 한 번 물 위에 띄워 보라.

바다는 배를 가라앉히지 않아요.
무지가 배를 가라앉히는 거죠.
- 어느 노 수병의 일기에서 -

당신의 항해 일기 첫 문장

지금 창밖을 보라. 비정규직의 탁 푸른 하늘도, 자영업자의 비 오는 거리도 바다로 통하는 강이 된다. 펜을 들어 오늘의 날씨를 기록하라. "초보자, 모의투자 시작" 그 한 줄이 내일의 파도를 넘을 힘이 된다.

1.6 행복은 비교에서 오지 않는다

세상은 공평하지 않다, 그러나 길은 있다

다른 별을 따라가는 이들을 위하여

다섯 번째 레인에서 뛰는 사람. 트랙은 여덟 개의 레인으로 나뉘었지만, 누군가는 유리로 된 출발선에 서고 누군가는 모래 구덩이에서 출발한다. 경제적 어려움은 발목의 추처럼 내딛는 걸음마다 무게를 늘리지만, 그래도 우리는 질문을 던진다. 어느 날 문득 선물투자를 해보라는 던짐에 “과연 이 정보가 쓸모 있을까?” 한밤중 창가에 앉아 선물 차트의 파도를 바라보던 날, 문득 깨달았다. 희망이란 배고픈 이에게 낚시대를 주는 일이지, 물고기를 주는 게 아니라는 것을!

비교의 감옥에서 나오는 법

행복은 유리병에 갇힌 반딧불이 아니다. 남의 유리창에 비친 빛을 헛되이 좇다가는 자신의 그림자를 밟게 된다.

래리 하이트(Larry Hite)는 절뚝거리는 다리로 금융계 오르막을 올랐다. "키 작은 사람이 굳이 농구장 대신 키와 상관없는 주식장을 선택한 것처럼" 그는 속삭였다. "네 트랙을 찾아라, 다리가 아니라 눈으로 뛰는 곳을."

시스템 트레이딩이란 그가 만든 특별한 보행기였다. 장애를 감추는 게 아니라 그 위에 탑을 쌓은 것이다.

선물 시장은 쇠지레가 아닌 사다리

이 책은 금도끼를 주는 이야기가 절대로 아니다. 강물에 빠진 은도끼를 건져주는 법을 가르치는 길잡이다.

선물투자는 백만 원짜리 티켓이 필요한 고급 클럽이 아니다. 공원 벤치에 앉아 스마트폰으로 열 수 있는 디지털 금광이다. 시장이 떨어질 때, 숏(Short)이란 낙하산을 펼치면 오히려 바람을 타고 새로운 골짜기에 착륙할 수 있다. 중요한 건 낙하산 조작법을 배우는 일이다.

당신의 속도계를 깨라

경제적 자유는 마라톤이 아니다. 옆 레인에서 달리는 이를 흘끔거리다 보면 발목이 걸린다. 한 소년이 있었다. 동네 잡화점 아들인 그는 대형마트 트럭에 짓눌린 아버지의 한숨을 뒤로하고 선물 차트라는 디지털 밭을 일구기 시작했다. 첫해엔 모종삽만 들었지만 이제 그는 알고 있다. "추세선이란 밭고랑을 제대로 팔 때 수확이 따른다"라는 것을!

마지막 페이지가 아닌 서문

이 책은 답이 아니다. 질문을 던지는 손전등이다. 경제적 어려움이라는 안개 속에서 등대 불빛처럼 한 줄기 길을 비추는 손전등이다. 행복은 비교의 저울에서 떨어져 나온 추와 같다. 자신의 트랙에서 자신의 속도로 자신의 호흡을 따라갈 때, 발밑에서 피어나는 이름 모를 꽃을 보게 된다.

강물은 절대 같은 곳을 두 번 흐르지 않지만
항상 바다로 향한다.

- 어느 선물 트레이더의 일기장 구석에 적힌 문구 -

이제 연필을 들어 당신의 경제지도에 첫 번째 좌표를 표시하라. 선물 시장이 그 좌표일 수도, 혹은 아닐 수도 있다. 중요한 것은 지도 밖 백지에 용기를 내어 점을 찍는 일이다. 오늘 당신이 그린 작은 점이 내일의 항해를 인도하는 길잡이가 되듯 그렇게 시작될테니까.

1.7 온라인 도박에 유혹받는 젊은이들

모래시계 속으로 떨어진 별들

안개 속 유령선

밤마다 스마트폰 화면에서 유령선이 출몰한다. 암호화폐라는 검은 돛을 달고 텔레그램이라는 안개 속을 누빈다. "한 번만! 오직 지금만!" AI가 내민 유혹의 손길에 열 마리 배 중 네 척이 깊은 안개 속으로 사라진다.

11살 꼬마의 첫 도박은 모래시계 속으로 손가락을 넣는 일이었다. 시간이 흐를수록 모래는 눈동자를 갉아 먹는 유리 조각이 되었다.

화려한 함정

가상계좌라는 투명한 그물이 공중에 펼쳐진다. 도박 사이트는 30분마다 문어발처럼 새로운 촉수를 뻗어 단속의 그물을 피해 간다. "이건 게임이야!" 화려한 픽셀 속에 숨은 도박의 갈고리가 청춘의 옷깃을 잡는다.

몰입형 게임이란 이름의 미로에서 젊은이들은 환청을 듣는다. “이번엔 반드시 이길 거야”. 하지만 그 목소리는 AI가 생성한 메아리일 뿐이다.

불꽃놀이 대신 등대를

도박은 검은 하늘에 터지는 일회성 불꽃과 같다. 눈부신 순간 뒤엔 더 짙은 어둠만 남는다. 그대가 손에 쥔 성냥을 차트의 등대로 바꿔보라. 선물투자란 한 줄기 빛으로 밤바다를 가르는 현실적 등대가 된다.

같은 심장박동으로 다른 미래를 만들 수 있다. “올인”이 아니라 “1% 룰”로 “한탕”이 아니라 “추세선”으로 불타는 열정을 지피는 기름으로 삼을 수 있는 것이다.

폭풍우 항해사 되기

한 청년이 있었다. 도박의 소용돌이에 휘말려 정신적 파산 선고를 받았다. 어느 날 그는 차트의 파도가 카지노 화면과 다르다는 걸 깨달았다.

✣ 첫째 달

모의투자로 종이배를 접으며 손절매의 의미를 배웠다.

✣ 둘째 달

경제 캘린더가 도박사의 운세보다 정확함을 알았다.

✣ 일 년 후

그의 계좌는 작지만 단단한 방파제가 되었다.

이제 그는 알려 준다. "진짜 승리는 한밤중에 차트를 보며 손 떨림을 참아낼 때 온다"라는 것을!

유혹의 바다에서 건지는 법

✣ 안개 속 등대 찾기

도박 사이트 광고 대신 투자 서적 첫 장을 펴라. "공포와 탐욕"이란 파도보다 "이동평균선"이란 조류가 더 정직한 길잡이다.

✣ 디지털 갈고리 피하기

AI의 유혹적 추천을 트레이딩뷰 알람으로 바꿔라. "지금이 기회!"라는 문구가 매수신호가 아닌 RSI 과매도 구간임을.

✣ 모래시계 뒤집기

도박은 시간을 삼키지만 투자는 시간을 모은다. 레버리지 5배의 작은 배로 경제적 자유의 섬을 향해 하루 1%씩 항해를 시작하라.

잃어버린 별을 찾아서

도박에 빠진 청춘은 하늘에서 땅으로 추락한 별들이다. 그대가 그들 사이에서 유일하게 반짝이는 별이 되려면 이렇게 속삭여 주어라. "진짜 게임은 화면 속 숫자가 아니라 자신의 인생을 시스템으로 구축하는 거야!"

어둠은 별빛을 가리지 않아,
단지 눈을 들어 하늘을 볼 용기가 필요한 거지!

- 새벽 3시 차트 분석 중에 발견한 문구 -

이제 스마트폰 화면을 돌려 카지노 광고 대신 추세선 그래프를 띄워 보자. 그것이 바로 당신이 잃어버린 별자리를 찾는 첫걸음이다.

2

여러 가지 옵션과 의사결정

2.1 해외선물로 돈을 벌 수 있을까?

어쩌면 모든 사람의 꿈은 시간과 경제적 자유를 누리며 살아가는 것이 아닐까? 이 책은 금융에 관한 이야기, 그것도 생소한 선물투자 이야기이다. 금융이란 단어만 들어도 일개 개인에게는 너무나 어려울 텐데 게다가 선물투자라고 하니 이를 처음 대하는 이들에게는 매우 설득력 없는 주제일 수 있다.

그렇다면 선물 거래는 무엇일까? 이 물음이 이제 막 새로운 비즈니스를 시작하는 여러분에게 좋은 여정의 시작점이길 바란다. 금융에서 돈을 버는 방법은 다양하다. 펀드, 주식거래, 채권, 외환거래 등 다양한 종목들이 있지만 모두를 다루지는 않고 선물투자만 다루고자 한다.

금융 시장의 지난 행적을 돌아보면, 시장이 혼란스러울 때 오히려 새로운 기회가 탄생하기도 했다. 선물투자는 특히 이런 변동성이 큰 시장에서 수익을 창출할 수 있는 잠재력이 있다. 예를 들어, 원유나

곡물 가격이 급등락할 때, 미래 가격을 예측해 차익을 얻거나 환율 변동에 대한 헤지(보험)로 활용할 수 있는 것이다. 2020년 유가 폭락 당시 선물 시장에서 역으로 수익을 낸 투자자들이 있었던 것처럼, 위기는 누군가에게 '기회'가 된다. 물론 이는 단순히 운에 맡기는 '도박'이 아니라 철저한 준비와 전략이 필요하다. 선물투자는 확실히 고수익이 가능하지만, 그만큼 잃을 위험도 크다. 초보자가 갑작스럽게 큰 금액을 투자한다면, 차라리 카지노에 가서 도박하는 것과 다를 바 없다. 하지만 감당할 수 있는 적은 금액으로 시작해 경험을 쌓는다면 이야기가 달라진다.

절대 금융 문맹으로 남지 않는 법

시장이 무너져도, 당신은 무너지지 마라! 선물투자에서 가장 중요한 건 공부이다. 공부는 재미없지만 돈 버는 공부는 재미뿐 아니라 적당한 긴장감도 있다. 특히 돈을 버는 공부라 그런지 우리가 싫어하는 수학이나 과학같이 복잡하고 지루하진 않다. 유투브나 오픈 강의로 기술적 분석(차트 보는 법)을 기초 학습하고, 모의투자(돈이 1원도 안 들어감)로 실제 시장 움직임을 체험해 보면서 실력을 키워 가면 된다.

이런 노력은 단순히 투자에만 도움이 되는 게 아니라, 경제 흐름을 읽는 눈을 키워 준다. 세상이 어떻게 돌아가는지 알게 되면, 두려움보다 확신이 생기기 시작하게 된다. 위험을 관리하는 자만이 최후에 웃고 절망은 늘 자신이 선택하기 쉽지만, 희망은 자신의 경제적 꿈을 이룰 수 있는 전략이 된다.

선물투자로 단기 수익을 노리는 동시에, 미래 산업에 관한 공부를 병행한다면, 더 큰 기회를 잡을 수 있을 것이다. 위기가 왔을 때 두려워 주저앉지 말고, 과감히 방향을 바꾸라는 기회로 일어서야 한다. 선물투자로 수익을 내는 사람들은 특별히 뛰어난 사람들이 아니라, 끊임없이 학습하고 위기를 기회로 해석하는 사람들이다. 수많은 시행착오를 두려워하지 않고 그를 통해 고수가 되는 내공을 다진다면 지금의 고통이 끝이 아니라는 걸 깨우치길 바란다. 작은 걸음이라도 오늘부터 시작하면, 내일은 분명 다른 곳에 서 있게 될 것이다.

2.2 투자를 할 것인가? 투기를 할 것인가?

금융시장에서 돈을 번다고 하는 것은 '일종의 투기에 참여하는 것이다'라고 단호히 말하고 싶다. 이렇게 심하게 말하는 것은 금융 시장이 예측은 할 수 있지만 결과가 반드시 예측된 방향으로 이루어지는 것이 아니기 때문이다. 그러나 분명한 것은 돈을 벌겠다고 하는 이상, 게임이 되었든 투기가 되었든 누구나 돈을 버는 승리자가 되기를 원한다. 그래서 승리하는 방법을 습득하고 훈련하여 미래를 준비하길 바란다.

나의 오랜 벗에 관한 재미있는 이야기를 소개하고자 한다. 이 친구가 대기업에 취직하였고 신입사원 시절, 매월 저축을 많이 하다 보니 적은 용돈으로 한 달을 살아야 했다고 한다. 당시에는 회식도 잦았고 회식 뒤에는 가끔 소위 고스톱이라고 하는 화투 놀이도 하고 포커 게임들을 직원들과 어울려 하게 되었는데, 항상 잃는 쪽이어서 늘 지갑에 용돈이 부족하였다고 한다. 이 친구는 "왜 항상 나는 게임에서

잃는 경우가 많을까?" 해서 서점에 가서 고스톱 잘하는 법, 포커 게임을 잘하는 법과 관련된 책을 사서 몇 번이고 읽으면서 자신이 간과했던 부분들을 깨닫게 되면서 이후 게임에서 자주 승자가 되었다는 에피소드가 있었다.

이 친구의 이러한 경험은 나중에 인생의 큰 변화를 가져다준 요인이 되었다고 한다. 게임에는 참여자들끼리의 일정한 심리적 규칙(rule)이 존재하고 반복되는 게임을 하면서 필연적으로 행하게 되는 물리적 실수들, 그리고 게임에 참여하는 자본의 총량, 패턴의 존재 등을 깨닫게 되면서 훗날 선물거래 시스템 트레이딩 전략을 개발하는데 유용한 팁으로 활용하게 되었다는 것이다.

본 책자를 집필하게 된 가장 큰 이유는 이론적 경제 지식을 가지고 접근하는 원칙주의자와 변동성이 큰 게임 터에서 실제로 체득한 여러 경험과 매매 전략을 세우려 했던 고귀한 고민을 축적하고 있는 실용주의자가 공통의 메시지를 전하고자 했기 때문이다.

흔히 우리는 주식시장에 참가하면서 주식에 투자한다고 하지 투기한다고 하지는 않는다. 공개된 주식시장에서 어느 한 기업의 주식을 보유함으로써 얻게 되는 경제적 이득이 제공되기 때문에 분명히 투자하는 것이 맞다. 그러나 불행히도 자신이 보유한 주식의 가치가 떨어지거나 회사가 상장 폐지되어 주식이 휴지가 되어 버린다면 투자가 아닌 투기라고 여기게 되고 심지어 도박했다고 넋두리하게 된다.

모든 투자는 손실이 함께 내재하는 시장의 특성이 있다. 이런 이유로 필자는 독자들이 만약 금융 시장에 참가하여 돈을 벌기를 원한다면 투자자가 아닌 투기자가 되길 역설적으로 권하고 싶다. 투자라는 개념에 대하여 이해하고 넘어 가 보자. 오랜 주식시장의 격언에 "무릎에서 사서 어깨에서 팔아라"라는 말이 있는데, 만약 이 말 대로만 한다면 모두 부자가 될 수 있다. 그렇다면 과연 어디가 무릎이고 어디가 어깨인지를 잘 이해하고 있어야 한다. 설령 그것을 잘 이해할지라도 과연 정말 무릎에서 사고 어깨에서 팔 수 있는 자신의 통제력이 있을까?

인간은 원래 가지고 있는 본성 중 하나가 욕심이다. 손해는 적게 보고 이익을 최대한으로 구하고자 하는 것이 인지상정이다. 무릎이 아닌 발바닥 밑에서 사고자 늘 정보를 구하러 다니고 어깨가 아닌 머리 위에서 팔고자 욕심을 부리다 매도할 시기를 놓치고 마는 것이 평범한 사람들의 경우일 것이다. 보유한 주식이 하락하여 손해를 보면 언젠가 다시 오르겠지 하며 손실을 그저 바라보고 있고 이익을 보면 더 큰 이익을 보지 못해 아쉬워하며 재진입하여 실현된 이익마저 잃게 된다.

수많은 트레이더는 처음에는 통제를 잘하고자 노력하지만, 계속 반복하여 거래하다 보면 이제 자신이 자신을 통제하지 못하고 소위 뇌동매매의 늪에 빠져 버리게 되는 경우가 많다. 투자에서의 수익은 대부분 오랜 시간을 요구한다. 기업이 태생하고 성장하는 동안 기술 개발과 매출, 영업이익 달성을 이루어 주가가 상승할 때까지 지켜봐야 하는 것이 전제되어야 한다. 오늘 사서 내일 파는 것은 '기업에 투자한다'라고 하기가 어렵다. 그것은 바로 투기를 하는 것이다. 그러나 많은 사람은 투기하면서 투자하고 있다는 착각에 빠지는 것이다. 여기에 바로 함정이 있다. 만약 참가자들이 처음부터 투자가 아닌 투기를 한다 생각하고 참여한다면 마음가짐이 달라질 것이다. 어떤 종류의 투자일지라도 수익을 보기 위해서는 많은 어려운 상황을 극복해야만 한다.

대한민국에 IMF 사태가 일어났을 때, 모든 주식은 곤두박질하고 모두가 손실을 봐야 했다. 환율은 겪어 보지 못한 어마어마한 비율로 폭등하여 국가 경쟁력이 하루아침에 나락으로 떨어지고 부동산 가격이 무너질 때, 과연 투자의 의미가 있었을까? 이것은 참가자들이 그들의 의지로 결코 극복할 수 없는 엄연한 문제였다.

리먼(Lehman) 사태라 불리는 엄청난 금융 위기는 한때 세계 경제를 휘청하게 만들었다. 건강한 은행마저도 하루아침에 무너져서 자산을 지킬 수 없게 되었고, 이에 따라 글로벌 금융 시장이 마비될 정도의 시대에 살고 있음을 경험했던 것도 우리가 극복할 수 없는 문제였다.

전쟁이 발발하고 유가가 폭등하고 은행이 문을 닫고 미국이 초유의 긴축 재정을 통해 금리를 계속 올리는 상황에서 과연 시장에 참가한 개인들이 감당하고 극복할 수 있는 부분은 어느 정도일까? 자신이 보유한 주식의 기업이 과연 현재 위기가 있는지, 올바른 경영을 하고 있는지? 주식을 보유하고 있는 자들이 알 수 있는 정보의 한계는 어느 정도일까? 이와 같은 제한된 정보를 가지고 증권 시장에 참가하고 있는 참가자들은 자신들이 감당할 수 없는 정보 환경에서 투기하는 것이다.

기껏해야 증권사에서 제공해 주는 게시판 정보와 뉴스에서 접하는 정보 등 막연히 귀동냥을 통해서 얻게 되는 근거가 희박한 정보들로 투자라는 함정에 빠져 있다. 심하게 말하면 운에 따라 벌 수도 있고 잃을 수도 있게 된다. 앞서 언급한 이런 상황들은 시장 참가자들이 통제할 수 없는 환경들이고, 만약 주가가 이런 환경에서 속수무책으로 하락할 때, 통제할 수 없는 불투명한 환경 속에서 자본이 열악한 개인들은 장기간 투자를 버티고 지탱할 수 있을 것인가? 시장 참가자들이 스스로 질문을 던져야 할 때이다.

그러나 방법과 생각을 바꾸면 손실보다 이익을 더 크게 만들 수 있다. 이제부터라도 이왕 이러한 금융 시장에서 돈을 벌기를 원한다면 투기를 하기 바란다. 투기를 한다는 것은 자신이 가지고 있는 경제적 지식과 철학보다도 무조건 돈을 번다는데 초점을 두는 의지의 표현이다. 투기는 장기적인 보유보다 민감하게 대처하여 단기적인 매매를 해야 한다. 언뜻 이런 얘길 하면 속물처럼 여기겠지만, 필자는 투기하는 사람은 카멜레온처럼 변화무쌍해야 성공할 수 있다고 재차 강조하고 싶다.

오늘 두 번의 거래를 한다고 치자. 첫 번째 거래에서 오십만 원을 손해 보고, 두 번째 거래에서 일백만 원을 벌었다 한다면 성공한 거래이다. 모든 거래가 성공할 수 없지만, 손해를 볼 때의 금액보다 이익을 볼 때가 더 크다면 자신이 이길 수 있는 거래를 하고 있다고 본다.

필자는 과거 마이클 코벨(Michael Covel)의 유명한 저서 『터틀 트래이딩』[2]에서 언급한 '추세추종전략(trend following strategy)'에 대해 깊이 공감하였다. 이러한 추세추종전략을 철저히 수행한 래

---

2 Michael Covel, The Complete Turtletrader. 마일크 코벨은 구전으로만 전해지던 역사상 가장 위대한 투자 실험을 파헤져 '터틀 트래이딩'에 담았음. 터틀이란 트래이딩 방법을 배운 수련생들로 이들은 경비원, 회계사, 가난한 이민자, 도박사, 피아니스트, 공군 장교, 게임 디자이너 등이었음. 코벨은 실험의 산증인인 터틀들과 개별 인터뷰를 통해 투자 철학, 트래이딩 규칙, 투자 기법까지 소개하였음.

리 하이트(Larry Hite)의 『부의 원칙(The Rule)』이라는 자서전적 저서에서도 마찬가지의 느낌을 받았다. 특별히, 시각장애와 난독증으로 온갖 어려움이 있었음에도 이를 극복하고 성공한 투자자로서 월스트리트에서 존경받는 인물이 된 래리 하이트(Larry Hite)의 전략이 필자가 독자들에게 전하고자 싶은 메시지이다.

만약 독자들이 선물 거래를 시작한다면 반드시 필독해야 할 도서로 위의 두 권을 강력히 추천한다. 래리 하이트는 과감하게 투기하는 마음으로 시장에 임하라고 강조한다. 투기하는 장에서는 기업의 가치, 국제 정세, 뉴스보다 더 중요한 것은 실시간 정보의 흐름밖에 의존할 것이 없다고 강조한다. 극단적으로 말한다면, 누구의 정보를 들을 필요가 없다는 것이다. 현재 시장에 참가하는 거래자들이 공유하는 정보가 공개되는 실시간 순위표 이외에는 아무것도 도움이 될 수 없다는 것이다. 따라서 성공하고 싶다면 차트에 집중하기를 바란다.

오지 추세추종을 나타내는 차트(Chart)에 살아야 하고 다른 곳은 갈 필요도 없다. 본 책의 제목을 '차트에 살자'라고 정한 이유도 바로 이것이다. 차트 이외에 다른 정보를 구할 이유도 없고, 그 어떤 솔깃한 정보도 귀 기울이지 않아야 한다. 차트는 거래자들이 소통하는 국제 언어이자 공개된 정직한 정보이다. 물론, 소위 세력들이라고 하는 보이지 않는 힘에 의해 조작되는 함정도 있으나 그 또한 감추어진 것이 아니라 차트에 그 얼굴을 드러내고 있다. 그래서 차트를 이해하고 공부하여 차트가 주는 실시간의 의미를 인지하여야 한다.

투기를 하는 사람은 차트를 보고 자신만이 정한 기준대로 통제하며 수익을 늘리는 훈련을 반복하여야 한다. 자신의 훈련된 지식으로 거래하다 보면 가끔 뜻대로 되지 않아 바람에 흔들리는 깃발처럼 방향을 잃고 우왕좌왕할 수도 있다. 그렇지만 당신이 주식이나 선물 거래 시장에 참가한다면, 반드시 차트에 살기를 강권한다.

2.3 주식 거래를 할 것인가? 선물 거래를 할 것인가?

커피 한 잔의 미래학

친구가 오늘 아침에 물었다, "왜 주식 대신 선물을 거래하냐고?" 나는 먼저 친구를 위해 핸드드립 커피를 한 잔 내렸다. '주식(stock)이 오늘의 원두를 사는 것이라면, 선물(futures)은 내일의 향미를 미리 담아두는 일'

❖ 첫 번째 이유 – 시간의 주사위를 던지지 않음

주식시장은 오늘 10,000원에 산 원두가 내일 8,000원이 될지 모르는 불안한 게임이다. 반면, 선물 시장은 3개월 뒤 12,000원에 살 것을 지금 약속하는 시간 여행자 같은 존재이다. 마치 겨울 코트를 한여름에 미리 사두는 것과 같은 것이다.

✣ 두 번째 이유 – 작은 씨앗이 거목이 되는 마법

5만 원으로 500만 원 상당의 거래가 가능한 레버리지 효과는 마치 어린아이가 공중에 매달린 줄만 당기면 지구 전체를 들어 올리는 도르래 같은 것이다. 단, 그 줄을 잡은 손의 떨림을 늘 경계해야 한다는 걸 잊지 말아야 한다.

❖ 세 번째 이유 – 비가 올 때 준비하는 우산의 철학

주식을 이미 보유한 상태에서 선물로 헤지(hedge)하는 것은 소나기가 쏟아지기 전 창가에 걸어두는 투명한 비옷과 같다. 당신의 포트폴리오가 비에 젖어 떨게 내 버려둘 것인가, 말 것인가의 문제!

친구가 커피 잔을 내려다보며 중얼거렸다. "그런데 위험하지 않을까?" 나는 창밖을 가리키며 말했다. "저 빌딩 20층에서 내려다보는 경치도, 1층 마당에 서 있는 풍경도 결국 같은 도시의 얼굴이잖아. 중요한 건 어느 층에 서 있느냐가 아니라, 발밑의 땅이 흔들릴 때 잡을 밧줄을 미리 아는 것이란다."

석양이 창가에 기울 때쯤 우리는 이번 주 선물 만기 일에 관해 이야기를 나눴다. 주식시장이 오늘의 빵을 구매하는 시장이라면, 선물시장은 한 달 후의 생일 케이크를 주문하는 예약제 제빵소 같은 곳이다. 다만, 그 케이크가 초콜릿이 될지, 치즈가 될지는 당신의 조리법에 달린 것이다. 이것은 금융상품을 다루는 사람들에겐 흔히 아이들에게 "아빠가 좋으니? 엄마가 좋으니?" 묻는 것과 같이 들릴지 모르겠지만 전혀 다른 이야기다. 필자는 주식거래든 선물거래든 어느 것이나 부를 형성하는 도구이고 '어느 것이 더 좋다'라는 관점이 아니라는 것을 분명히 하고자 한다. 단지 본 책에서는 주식을 거래하는 것보다 선물거래에 관한 이야기를 하는 것이기 때문에 주식거래와의 비교는 어쩔

수 없다는 것을 밝힌다.

선물거래는 주식거래보다 더 이해하기 어렵다. 그 이유는 간단하다. 주식 거래자가 선물 거래자보다 월등히 많고, 주식거래 정보가 선물거래에 대한 정보보다 훨씬 많기 때문이다. 그러나 막상 알고 보면 선물거래를 이해하는 것이 어쩌면 주식거래보다 쉬울 수 있다. 초보자가 주식 투자를 하려면 수많은 기업 정보를 알아야 해서 어쩔 수 없이 정보를 구하기 위해 귀가 얇아질 수밖에 없다. 여기에 비하면 나스닥 지수선물 상품은 하나의 기업 정보만 대상으로 하는 것처럼 단순하고 명료하다. 즉, 수많은 기업 정보처럼 상품이 복잡한 정보를 요구하지 않는다는 점에서 초보자들이 거래하기 훨씬 유리하다는 의미이다.

우리가 투기하면서 가장 중요한 것은 자기 통제력이라고 앞서 설명한 바 있다. 자기 통제력이란 외부의 영향은 최소로 하고 자신의 결정이 거래에 거의 반영되는 것을 의미한다. 주식거래는 수많은 상장기업들의 정보를 가지고 있어야 하거나 최소한 자신이 주식을 보유하고자 하는 기업만이라도 그 정보를 가지고 있어야 한다. 그러나 기업의 정보를 개인이 획득하는 데에는 많은 제약이 있다. 단지 주식을 매수하여 보유하였다고 해서 실시간으로 기업의 재무제표를 볼 수도 없고 경영자의 생각이나 기업의 현재 상황 전반을 파악한다는 것은 불가능 한 일이기 때문이다. 이것은 앞서 이야기한 참여자들이 통제 불가의 상황에서 투기하고 있다는 것이다.

장기간의 시간을 가지고 여유 있게 진정 투자하고 싶은 자라면 필자가 하는 이야기를 그저 소설책 읽듯이 스쳐 읽기만 해도 된다. 이미 그러한 사람들은 주식 투자를 하기에 많은 경험과 지식을 갖추고 자본력도 남다르다고 보면 된다. 그러나 필자가 하고자 하는 궁극적인 이야기는 투기하라는 것이며 그것은 단기 매매를 말하는 것이다. 다시 말해 당일 매매를 의미하는 것이고 당일에 거래를 종료하여야 한다는 것을 전제로 하고 있다.

3

선물거래의 기초 이해

필자가 본 책자에서 다루고자 하는 내용은 다양한 선물 거래 중에서 나스닥(NASDAQ) 지수 선물을 특정하여 설명하고자 한다. 물론 금(Gold)이나 원유(Oil) 등 실물을 중심으로 한 선물 거래도 모두 중요하겠지만, 특별히 나스닥 지수 선물을 예로 삼는 이유는 간단하다.

앞서 언급했듯이 물리적인 외부 정보나 환경에 덜 민감하기 때문이다. 예를 들면 개별 기업의 정보가 전체 지수에 치명적인 영향을 미치지 않고, 외부적으로 악의적 시장 개입을 할 수 있는 상품 선물 거래와 달리 그 영향력이 적어 오로지 차트에 의존해서 매매하는 데 유리하기 때문이다.

3.1 선물거래의 변천사

선물거래를 하기 위해선 약간의 관련된 지식이 필요하다. 간단하게 선물거래가 어떻게 시작되었는지 또 어떻게 변천되었는지 요약하여 설명하기로 한다.

선물거래의 기원

선물거래의 역사는 고대 문명으로 거슬러 올라간다. 기원전 2000년경 메소포타미아 지역에서 농산물의 미래 가격을 미리 정해두고 거래하는 형태가 등장했었다. 이는 농부들이 곡식을 수확 후, 가격 변동 위험을 피하기 위한 목적이었다. 고대 그리스와 로마에서도 유사한 형태의 거래가 이루어졌으며, 중세 유럽에서는 상인들이 미래의 상품 거래를 약정하는 방식으로 발전했다.

근대 선물 거래의 시작

현대적인 선물 거래의 기틀은 17세기 일본의 도쿠가와 시대에 마련되었다. 일본의 오사카에서는 쌀 거래소가 설립되어 쌀 선물 거래가 활성화되었다. 이는 세계 최초의 조직적인 선물 거래 시장으로 여겨진다. 이후 19세기 미국에서 본격적인 선물 거래 시장이 형성되기 시작했다.

1848년 시카고상업거래소(Chicago Board of Trade, CBOT)가 설립되면서 현대적인 선물 거래의 시대가 열렸다. 당시 미국 중서부는 농업 중심 경제였고, 농산물 가격 변동으로 인한 위험을 회피(Hedge)[3]하기 위해 선물 거래가 도입되었다. 특히 곡물(밀, 옥수수 등)을 중심으로 선물 계약이 활성화되었다.

20세기 선물 거래의 확장

20세기 들어 선물 거래는 농산물을 넘어 금융상품으로 확장되었다.

3 현물시장에서 매수 또는 매도할 경우, 이에 대한 손실을 보전하기 위해 반대 포지션, 예를 들어 현물을 매수했을 때 혹시라도 하락하게 될 위험에 대비하기 위해 선물은 매도포지션을 가져가는 위험 회피 방법을 의미함.

1970년대 브레턴우즈 체제의 붕괴와 변동환율제 도입으로 외환 시장의 불확실성이 증가하면서 외환 선물 거래가 등장했다. 또한, 1972년 시카고상품거래소(Chicago Mercantile Exchange, CME)에서 통화 선물을 도입하며 금융 선물 거래의 시대가 열렸다.

1980년대에는 주가지수 선물, 금리 선물 등 다양한 금융 파생 상품이 등장했다. 이 시기 컴퓨터 기술의 발전으로 전자거래 시스템이 도입되면서 선물 거래는 더 효율적이고 빠르게 이루어질 수 있게 되었다.

21세기 선물 거래의 현대화

21세기에는 글로벌 금융시장의 통합과 기술 발전으로 선물 거래가 더욱 복잡하고 다양해졌다. 전 세계 주요 거래소(예: NYMEX, LME, Eurex 등)는 전자거래 플랫폼을 통해 실시간 거래를 지원하며, 고빈도 거래(HFT)와 알고리즘 트레이딩이 보편화되었다.

또한, 기후변화와 에너지 전환의 흐름 속에 탄소배출권 선물, 재생에너지 관련 상품 등 새로운 형태의 선물 거래가 등장했다. 암호화폐 시장의 성장으로 비트코인 선물과 같은 디지털 자산 기반 선물 거래도 활성화되고 있다.

선물 거래의 경제적 역할

선물 거래는 가격 변동 위험을 관리하는 헤지 도구로서, 그리고 시장 참여자들의 투기적 수요를 충족시키는 도구로써 중요한 역할을 한다. 특히 농업, 에너지, 금융 등 다양한 산업에서 가격 안정성을 제공하며, 글로벌 경제의 안정적 운영에 기여하고 있다.

미래 전망

앞으로도 선물 거래는 기술 발전과 글로벌 경제 환경 변화에 따라 진화할 것으로 예상된다. 블록체인 기술의 도입, 인공지능을 활용한 거래 전략, ESG(환경, 사회, 지배구조) 관련 상품의 확대 등이 주요 트렌드로 부상할 것으로 보인다. 또한, 디지털 자산의 성장에 따라 새로운 형태의 선물 거래 상품이 등장할 가능성도 크다.

선물 거래는 변동성이 매우 커서 함부로 접근하기엔 위험한 금융 상품이다. 따라서 선물 거래에 참여하기 전에 반드시 위험을 충분히 이해하고, 자신의 투자 성향에 맞는 매매 전략을 수립하고 충분한 사전 훈련을 거쳐야만 한다. 파생 상품[4] 중 하나인 지수선물[5]은 특정 시점에 특정 가격으로 특정 지수를 사고 파는 것을 약속하는 계약이다. 지수선물은 주로 주식, 채권, 환율, 원자재 등의 지수를 기초자산으로 한다.

4 주식, 채권, 원자재, 통화, 금리, 지수 등 기초자산의 가격 변동에 따라 가치가 결정되는 금융상품을 의미함. 위험 회피(헤지) 또는 투기적 목적으로 활용되며, 대표적인 예로 선물(Futures), 옵션(Options), 스왑(Swaps) 등이 있음.

5 주식 지수(예: KOSPI 200, S&P 500)를 기초자산으로 하는 표준화된 선물계약임. 특정 미래 시점에 정해진 가격으로 지수를 매수·매매할 권리와 의무를 부여하며, 주로 시장 변동성 헤지 또는 투기 목적으로 활용됨. 거래소에서 거래되며, 레버리지를 통해 적은 자본으로 대규모 포지션을 취할 수 있는 특징이 있음.

나스닥 지수선물은 미래의 나스닥 지수 가격을 미리 사고파는 거래이다. 나스닥 지수는 애플, 아마존, 테슬라 같은 큰 회사들의 주식 가격을 모아서 만든 지수이며 이 지수가 오를지, 내릴지 예측해서 돈을 버는 것이다. 나스닥 지수선물은 시카고상품거래소(CME)에서 거래되며, 전자거래 플랫폼인 CME Globex를 통해 24시간 거래할 수 있다. 주요 계약 규모는 나스닥 100지수를 기반으로 한 E-mini Nasdaq-100 선물로, 소형 계약 규모를 통해 개인 투자자들도 쉽게 접근할 수 있다. 자본력이 약한 개인들은 비교적 증거금이 작은 Micro mini Nasdaq-100을 이용하여 거래할 수 있다.

나스닥 지수선물 거래에 처음으로 참여하는 자라면 자신이 공부하여 습득한 지식과 매매 전략으로 미리 시뮬레이션과 백테스트(Backtest)[6]를 통해 충분한 거래 능력을 키우고 Micro mini Nasdaq-100 상품으로 먼저 실거래 경험을 키운 다음에 비중을 높여 E-mini Nasdaq-100 상품을 거래하기를 권고한다.

나스닥 지수선물은 기술 산업의 지속적인 성장과 더불어 앞으로도 중요한 금융상품으로 자리 잡을 것으로 예상된다. 특히 인공지능, 빅데이터, 클라우드 컴퓨팅, 블록체인 등 신기술의 발전은 기술주 시장의 성장을 견인할 것이며, 이는 나스닥 지수선물의 수요 증가로 이어질 것이다. 또한, ESG(환경, 사회, 지배구조) 투자 트렌드에 따라 기

6 백테스트(Backtest)는 주어진 포트폴리오로 과거 데이터에 특정 트레이닝 전략을 적용함으로써 실제 시장에서의 성과가 어떻게 나타났을지를 정량화하는 것을 뜻함. 실전 트레이딩에 적용하기 앞서, 모의투자 등을 통해 선제적 테스트를 함으로써 전략의 유효성을 검증할 수 있음.

술주 시장의 지속 가능성에 관심이 높아지면서, 관련 상품의 다양화도 예상된다.

나스닥 지수선물은 기술주 시장의 대표 지수인 나스닥 종합지수를 기반으로 한 중요한 금융 파생상품이다. 기술 산업의 급성장과 변동성 관리 수요에 따라 1996년 도입된 이후 꾸준히 성장해왔다. 앞으로도 기술 산업의 발전과 글로벌 투자 환경 변화에 따라 나스닥 지수선물은 금융 시장에서 중요한 역할을 담당할 것으로 기대된다.

3.2 차트를 모르면 선물 거래 꿈도 꾸지 말라

뇌이자 심장인 차트

일반 주식거래와 파생 상품인 선물 거래, 특히 나스닥 같은 주가지수 선물은 개념이 아예 다르다. 통상적인 주식의 가격은 각 회사의 가치에 의해 주가가 결정된다. 그 회사의 정통성, 경영자, 제품, 매출액, 손익, 비전 등 각 개별회사가 지닌 수많은 요소가 주가를 결정하기 때문에 투자하고자 하는 회사의 정보가 전략을 좌우한다. 그래서 소문이나 낱장 광고(찌라시), 경영정보 등 외적인 변수를 중요 요소라 한다면, 파생 상품 특히 선물은 반드시 그렇지는 않다. 나스닥에 상장된 기술주 개별 종목을 다 분석하고 이해한다는 것은 불가능하다.

오로지 차트의 흐름만을 가지고 거래해야 하므로 차트를 모르고선 어떤 거래도 성공할 수 없다. 전 세계 선물 거래인들은 오로지 실시간으로 주어지는 차트의 정보를 통해서만 거래하게 된다. 반복하여 말하지만, 그래서 차트는 국제적으로 통용되는 또 다른 언어라고

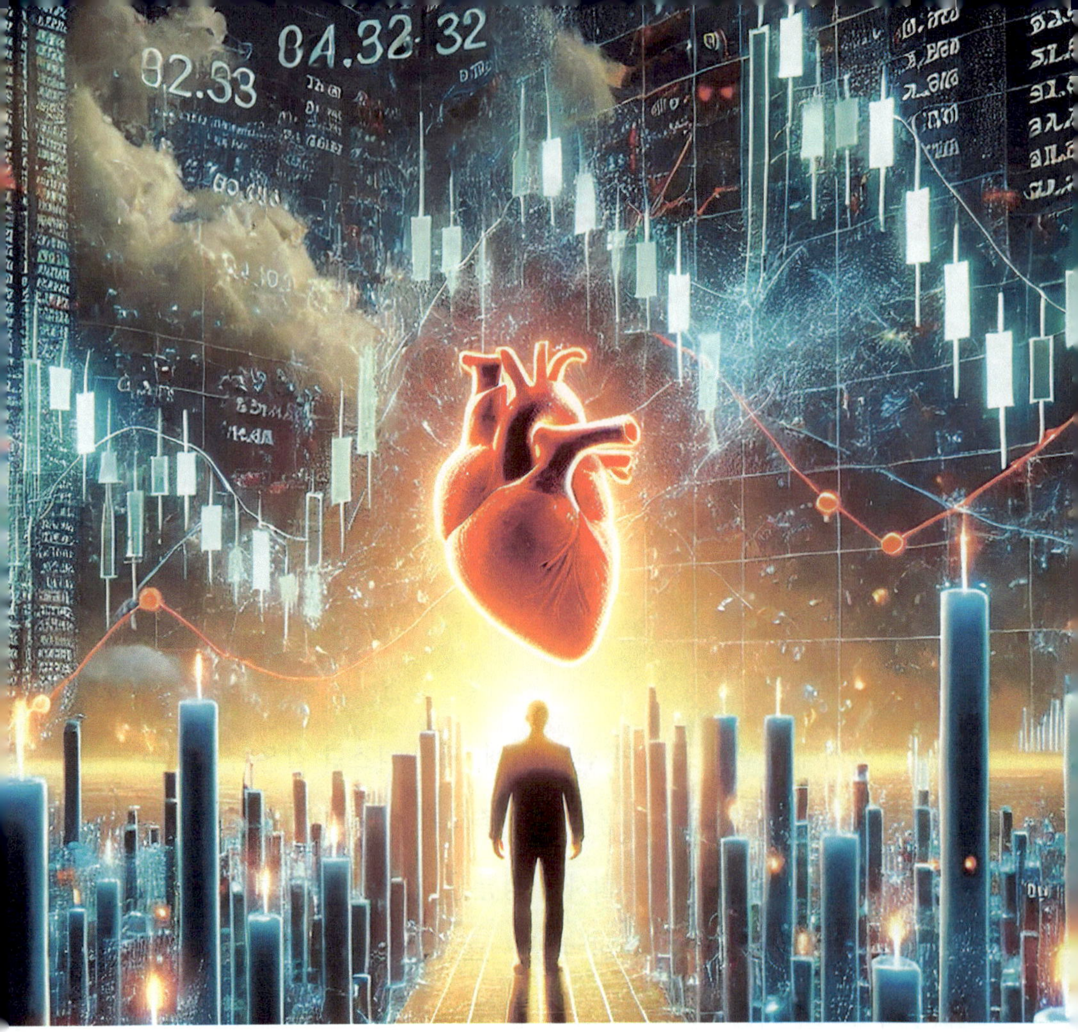

할 수 있다. 약속된 규칙에 따라 움직이고 만들어지는 캔들과 각종 지표와 실시간 통계 자료들을 공유하고 분석하며 거래에 임하기 때문에 다른 언어가 필요 없다. 따라서 참여자는 모두 차트 안에서만 정보를 교류하고 거래를 할 수 있기에 차트를 이해하고 활용하는 것은 선물거래 전부라고 할 수 있다. 그래서 차트를 자유롭게 활용할 수 있는 능력을 충분히 키운 후에 거래를 시작하기를 바란다.

차트에 모든 것이 담겨 있다(차트의 속임수)

소위 타짜라고 하는 사람들은 도박판에서 손기술을 사용하여 패를 바꾸거나 자신이 원하는 대로 패를 구성시켜 상대를 속이는 사람들을 말한다. 정상적인 방법으로는 확률이 지배하는 도박에서 늘 이길 수 없기에 이러한 속임수를 사용하는 것이다.

선물 거래도 일종의 확률과 제한된 통계에 의해 거래되므로 정상적인 방법으로는 소위 세력이라 일컫는 이들[7]이 크게 이익을 취하기 힘들다. 주로 세력과 세력, 세력과 개미들의 싸움이 진행되는 동안 많은 자본을 가진 세력들은 이러한 속임수를 자주 사용하여 이익을 도모한다.

차트에는 모두가 공유할 수 있는 정보가 주어 지지만 세력들은 바로 이러한 정보를 역이용하여 수익을 높이는 방법을 늘 고안한다. 예를 들면, 모든 지표가 매수를 가리키는데 정작 매수하고 나면 갑자기 급락하여 손 쓸 틈 없이 손실을 보고 마는 경우가 자주 발생하게 되는데, 이런 경우를 두고 하는 말이다. 즉, 차트의 움직임에 따른 여러 가지 경우를 면밀하게 점검하여 의사결정을 해야만 한다.

너무나 확실한 진입 조건이라면 진입을 시도하되 한 번쯤 의심해야 한다. 이런 경우에는 반대 포지션으로 헤징을 시도하여 추세가 안정화되었을 때, 추세 방향의 진입만 남기고 헤징을 위해 진입한 반대 포지

7 개인을 의미하는 개미투자자들과 달리 차트의 실시간 변동을 줄 수 있는 막대한 거래를 통해 매수, 매도를 좌우하는 큰손들을 의미함.

션을 청산하는 방법도 준비하여야 한다. 그렇지 않다면 진입 후 자신이 설정한 손절 조건에서 스위칭 매매[8]를 시도하여 이러한 위험을 회피해야 한다. 이런 경우는 반드시 횡보장과 추세장에 대한 이해가 선행되어야 한다. 만약 추세장이 아닌 횡보장에서는 이렇게 스위칭으로 매매하면 양방향 손절이 발생하게 되어 손실 폭이 커지기 때문이다.

속임수 중에는 거래량마저도 속임수로 활용되는 경우가 있다. 보통은 사용하는 모든 지표와 동시에 거래량을 반드시 확인하라고 하는 말을 교과서처럼 들었을 것이다. 그러나 세력들은 이러한 거래량마저도 속임수로 활용한다는 것을 명심해야 한다. 거래량을 점검할 때 OBV와 MACD[9] 오실레이터(Oscillators) 보조지표의 거래량을 동시에 살펴야 하고, 조금 더 확실히 하고 싶다면 거래량이 늘 때 기관 등이 개입할 때 보여주는 보스톤일중강도(Bostian's Intraday Intensity, BII)지표[10]를 참조하여 거짓 신호를 걸러내야 한다. BWI지표[11] 또한 추세가 지속될 것인지 아니면 추세의 전환이 시작되었는지 살펴보아야 한다.

---

8 기존에 보유한 포지션을 청산하고 새로운 포지션으로 전환하는 거래 전략. 시장 전망 변화, 수익률 차이 활용, 위험 관리 등을 목적으로 주식, 채권, 파생 상품 등에서 활용됨.

9 OBV(On-Balance Volume)은 거래량이 주가를 선행한다는 전제 하에, 가격 변동과 거래량의 관계를 분석하여 주가 추세를 예측하는 데 사용함. MACD(Moving Average Convergence Divergence)란 단기 이동평균과 장기 이동평균의 차이를 계산하여 두 이동평균 간의 관계를 나타내는 보조지표임.

10 주식시장의 당일 매수·매도 압력을 측정하는 기술적 지표. 종가, 고가, 저가, 거래량을 활용해 특정 시간대의 자금 흐름을 분석하며, 강한 매수 또는 매도 세력을 확인하거나 반전 신호를 포착하는 데 사용됨. 단기 트레이딩 전략에서 유용하게 활용되며, 레인지 추세나 변동성 파악에 도움을 줌.

11 BWI(Bollinger Band Width Indicator, 볼린저 밴드폭지표)는 볼린저 밴드의 상단선이나 하단선이 확장, 수축하는 것을 측정하는 지표. 주로 추세가 지속되는지 아니면 추세가 꺾이는지를 알 수 있음.

이런 보조지표의 자세한 활용방안은 추후 기회가 있다면 다시 설명하기로 하고, 초보자들에게 이 정도의 지식은 필요하다. 이렇게 굳이 장황하게 설명하는 이유는 선물 거래 시 발생하는 속임수를 이해하고 대처하는 것이 바로 위험 관리의 기본이기 때문이다. 독자들은 필자가 이렇게 속임수에 대해 강변하는 것을 이해하고 매매 전략을 수립할 때 반드시 기억해 주기 바란다. 따라서 차트가 주는 정보를 보고 세력의 속임수를 간파하고 이를 대비하는 전략도 반드시 준비되어야 선물 거래 시장에서 살아남을 수 있다.

세력들의 속임수는 다양하게 전개된다. 패턴도 다양하지만, 똑같이 그 패턴을 사용하지도 않는다. 순진한 생각으로 착한 학생처럼 배운 몇 개의 보조지표를 보며 거래에 임하는 것은 지갑을 강도 앞에 놓고서 한눈팔고 음악을 듣고 있는 것과 다르지 않다. 선물 거래는 반드시 속임수가 등장한다고 아예 마음을 굳히고 매매에 대응한다면 비록 소액으로 참여하는 개미 트레이더 일지라도 성공적인 매매를 이어 나갈 수 있다. 위험을 알고 회피전략을 세우는 것이 선물 거래의 기본이기 때문이다.

3.3 증거금

증거금이란?

아파트를 계약할 때 중개사무소를 통해 보증금을 내듯이, 선물 거래도 "보증금"을 거래소에 맡겨야 한다. 예를 들어 커피숍 프랜차이즈 계약할 때, 오픈 비용이 1억원인데, 보증금 1,000만 원만 내면 사업 시작이 가능한 것과 같다. 이것을 증거금이라 부르는데 계약 가치의 5~15%만 내면 되니, 적은 돈으로 큰 거래가 가능하다. 선물투자 종목(Oil, Gold, Gas, Nasdaq, S&P 등)에 따라 그 증거금이 제각각이고 거래소, 증권사에 따라 달라서 항상 미리 상담하여 자세히 안내받아야 한다.

유지 증거금

초기 증거금만 내면 끝이 아니다. 포지션을 유지하려면 유지 증거금을 지켜야 한다. 예를 들어 보겠다.

- 초기 증거금: 15만 달러
- 유지 증거금: 12만 달러(초기 증거금의 80%, 증권사에 따라 차이가 있음)

만약, 나스닥이 2% 하락하여 6만 달러 손실이 발생했다고 가정한다면,

- 계좌 잔고 : 15만 달러 - 6만 달러 = 9만 달러(유지 증거금 미달!)
- "마진콜" 발생! 6만 달러 추가 입금하거나 포지션 강제 청산

마진콜을 피하는 방법은 미리미리 관리하는 것이 가장 중요하다. 첫째, 증권사 앱에서 실시간 계좌 평가액을 확인하고, 손실이 커지기 전에 스스로 포지션 정리하거나 헤지(위험 회피) 전략을 수립해야 한다. 증권사마다 증거금 요구액이 다르고, 환율 영향도 받으니 반드시 확인이 필요하다.

증거금 제도의 의미

증거금 제도는 "서로를 보호하는 안전장치"라고 생각해야 한다. 거래소는 투자자의 갑작스러운 파산을 막고, 투자자는 무모한 레버리지로 인한 파산을 방지할 수 있다.

초보자 팁

- 처음엔 레버리지 5배 이하(바이낸스 등 비트코인 선물은 레버리지가 크게 적용이 가능함)로 시작
- 계좌잔고가 유지 증거금의 120% 아래로 내려가면 즉시 행동!
- 모의 거래로 연습한 후, 실전에 진입

따라서 증거금은 항상 여유 있게 준비하고 늘 증거 유지금 관리를 하는 것이 선물 거래의 기본이다. 이 균형을 이해하는 순간, 진짜 트레이딩이 시작된다.

3.4 만기일

나스닥 지수선물(E-mini Nasdaq Futures)은 미래 특정 날짜(만기일: 매월 세 번째 금요일)에 지수를 약정 가격으로 거래하기로 한 계약이다. 분기 월(3월·6월·9월·12월) 계약이 가장 활발히 거래되며, 만기일 전에 투자자는 다음을 선택해야 한다.

❖ 현금 결제(Cash Settlement)

만기일 오전 특별개장호가(Special Opening Quotation, SOQ)를 기준으로 선물 가격과의 차액을 현금으로 정산한다. 예를 들면, 「선물 계약가 15,000포인트, SOQ 15,500포인트」라면 500포인트 수익을 현금 수령하게 된다.

❖ 포지션 이월(Roll Over)

기존 계약 청산과 신규 계약 체결을 동시에 실행한다. 예를 들면 「12월 계약 매도 + 3월 계약 매도」한다. 이는 유동성 리스크 방지를 위함이다.

✤ 포지션 청산

만기일 전 계약을 시장가로 청산하여 수익/손실을 확정한다.

✔ 만기일을 놓칠 경우

거래소(CME)가 자동으로 SOQ 기준 현금 결제를 수행한다.

단, SOQ는 개장 직후 산정되므로 변동성 리스크가 존재한다.

✔ 이월 시기

만기일 5~7일 전에 수행(유동성 감소 방지)

✔ 거래량 이동

만기일이 가까워질수록 거래량이 다음 월물로 이동하므로, 미리 포지션 이월(Roll Over)해야 우호적인 가격에 거래할 수 있다.

이상에서 만기일에 대해 살펴보았지만, 한국 증권사에서 월물 변경 시 보통 Mini Nasdaq 100 상품의 만기일은 3월, 6월, 9월, 12월로 변경하게 되어 있다. E-mini Nasdaq 100 선물은 매월 세 번째 금요일에 만기 된다. 즉, 1월·2월·4월·5월 등 모든 월에 계약이 존재한다. 하지만 대부분의 유동성과 거래량은 분기 월 계약(3월·6월·9월·12월)에 집중된다. 그러나 실제 트레이더 관행상 개인 및 기관 투자자들은 분기 월 계약만 주로 사용한다.

비분기 월 계약(1월·2월 등)은 거래량이 적어 실질적으로 롤오버 대상이 아니다. 따라서 3개월마다(분기마다) 월물이 변경되는 것처럼 느껴진다. 이렇게 분기 월 계약을 사용하는 이유는 거래량이 많아 스프레드(매수-매도 차이)가 좁고 체결이 빠르기 때문이다.

또한, 분기 월 계약은 기업의 분기별 재무 보고 주기와 같아서 위험을 관리하기 쉽다. 그러다 보니 관행으로 수십 년간 분기 월 계약이 표준으로 자리 잡았다. 분기 월 계약(예: 3월 계약)이 만기 되기 1~2주 전에 다음 분기 월 계약(6월 계약)으로 포지션을 이동한다. 이 과정에서 “3개월마다 월물이 바뀐다”라는 인식이 생기게 되었다.

실제로는 매월 만기일이 있지만, 트레이더가 비분기 월 계약을 무시하기 때문이다. 예를 들면, 2024년 3월 계약의 경우 만기일은 3월 15일(세 번째 금요일)이고 트레이더는 3월 초에 3월 계약을 청산하고 6월 계약으로 롤오버한다. 이럴 때 ‘3월 계약 → 6월 계약’으로 인식되며, 3개월 주기로 보인다. 이를 확인하기 위해서는 CME 공식 홈페이지에서 계약 스펙을 직접 확인할 수 있다.

CME E-mini Nasdaq Futures(NQ)

✣ 만기월(Expiration Months) 필드

Mar, Jun, Sep, Dec + 2개의 추가 월로 표기된다. 실제론 분기 월 외에도 계약이 존재하지만, 거래소가 비분기 월 계약을 자동으로 비활성화한다. 그래서 대부분 플랫폼(예: 트레이딩뷰, 키움증권)에서 분기 월 계약만 디폴트로 표시된다. 비분기 월 계약은 수동으로 검색해야 확인할 수 있다.

✣ 롤오버 일정

포지션 이월을 효과적으로 진행하려면 분기 월 만기일 5~7일 전에 다음 월물로 이월하는 것이 좋다. 예를 들면, 3월 계약 → 3월 8일~10일 사이에 6월 계약으로 전환하는 것이다.

CME 거래소 만기일 필드의 예

해외선물옵션 종목검색

해외선물 | 해외옵션 | 미국주식옵션 | SPAN 유의사항

전체 | 지수 | 통화 | 금리 | 금속 | 에너지 | 농축산물 | 거래소 | 대표월물 거래량

거래소	종목명	연결선물	결제월물 선택				
CME	Micro Natural Gas	MNG	2025.04	2025.05	2025.06	2025.07	2025.08
CME	Micro Mini NASDAQ 10(	MNQ	2025.03	2025.06	2025.09	2025.12	2026.03
CME	Micro CHF	MSF	2025.03	2025.06	2025.09		
CME	Natural Gas	NG	2025.04	2025.05	2025.06	2025.07	2025.08
CME	Nikkei 225 Dollar	NKD	2025.03	2025.06	2025.09	2025.12	2026.03
CME	Mini NASDAQ 100	NQ	2025.03	2025.06	2025.09	2025.12	2026.03
CME	Palladium	PA	2025.03	2025.04	2025.05	2025.06	2025.09
CME	Platinum	PL	2025.03	2025.04	2025.05	2025.07	2025.10
CME	Mini Natural Gas	QG	2025.04	2025.05	2025.06	2025.07	2025.08
CME	Miny Silver	QI	2025.05	2025.07	2025.09	2025.12	2026.01
CME	Mini Crude Oil	QM	2025.04	2025.05	2025.06	2025.07	2025.08

코드	F	G	H	J	K	M	N	Q	U	V	X	Z
월물	1	2	3	4	5	6	7	8	9	10	11	12

화면유지 | 닫기

출처: 키움증권 영웅문G

3.5 양방향 매매가 가능한 선물 거래

주가가 상승해야만 이익을 얻게 되는 일반 주식 투자와 다르게 하락장에서도 매도진입을 통해 차익을 실현할 수 있다. 양방향 매매란 매수(Long)와 매도(Short)를 모두 할 수 있는 거래 방식을 말하는데, 선물 거래는 이 양방향 매매가 가능하므로 다양한 전략을 활용할 수 있다.

상승장과 하락장 모두에서 수익 가능

선물 투자의 매력은 역시 양방향을 선택할 수 있다는 것이다. 어쩌다 매입한 주식이 속절없이 하락하여 팔자니 큰 손실이고 안 팔자니 언제 다시 상승하여 회복될지 기약 없는 날을 버텨야 하는 공포에서 해방될 수 있다. 나스닥 지수가 떨어질 것 같다면 "매도(Short)" 포지션을 열어서 하락에서도 수익을 낼 수 있다.

해외여행을 하다 보면 신기한 비행시간을 느낄 수 있다. 분명 갈 때는 5시간이 걸렸는데, 올 때는 4시간밖에 안 걸리는 경우를 말이다. 이것은 바람의 영향이다. 배나 비행기는 바람의 영향을 절대적으로 받는다. 순풍과 역풍이 그것이다.

선물 거래는 양방향 거래이므로 매수추세가 순풍인지, 매도추세가 순풍인지를 판단하는 것이 중요하다. 굳이 역풍에 맞서서 어렵게 거래할 필요는 없지 않은가? 트레이더는 거래의 관리자가 되어야 하지 도박꾼이 되어 선 안 된다. 양방향 매매가 매력적이지만 반대쪽이 모두 기회라고 하는 것은 양쪽 모두가 위험할 수도 있다는 말이기도 하다. 따라서 작은 바람과 파도에 성급히 양방향으로 거래한다면, 손실은 커지게 되기 때문에 안정된 순풍에 따라 방향을 잡는 것이 매우 중요하다.

3.6 CME 거래소

가장 대표적인 CME(Chicago Mercantile Exchange) 거래소는 미국 시카고에 있으며 전 세계 50개 이상의 국가에서 CME 거래소를 통해 선물 거래를 할 수 있다. CME 거래소는 세계에서 가장 큰 선물거래소 중 하나이며, 다양한 종류의 선물 상품을 거래할 수 있다.

선물 거래 준비

거래할 수 있는 증권사 선정

국가별로 증권회사들이 많이 있지만 모두가 해외 선물을 운영하는 것은 아니다. 따라서 자신이 거래하고자 하는 해외 선물 종목을 취급하는 국내 증권사를 먼저 찾아야 한다. 이후 전산이나 차트 지원, 거래 수수료, 회원 수 등을 종합하여 마땅한 곳을 선정하는 것도 매우 중요하다.

자신의 투자 성향 분석 및 투자 금액 설정

선물 거래를 위해선 먼저 본인의 투자 성향을 잘 파악하여야 한다. 보수적인지 공격적인지 또는 단기 거래를 좋아하는지 중장기 거래를 좋아하는지를 알고 있어야 거래 전략과 투자 금액을 설정하는 데 도움이 된다. 선물 거래에 대한 지식은 이론뿐만 아니라 해당 증권사가 제공하는 각종 거래 도구들을 잘 이해해야 한다.

차트를 구성 후, 충분히 반복하여 연습하고 실제 매매에서 인간적 실수를 범하지 않도록 주의하여야 한다.

거래 방법을 선택

직접 손 매매를 할 것인지 프로그램 매매로 할 것인지에 관한 결정이 필요하다. 프로그램이 준비되지 않은 투자자는 직접 손으로 거래를 수행하여야 하므로 차트나 거래창(호가창)에 대한 능수능란한 훈련이 요구된다. 매수 버튼을 누른다는 것이 잘못하여 매도 버튼을 누르거나, 때론 다른 엉뚱한 버튼을 눌러 실수할 때 변동 폭이 심한 선물 거래에서 큰 손실을 보기 때문이다. 또한 체력과 정신력이 반드시 뒷받침되어야 하므로 너무 피곤하거나 컨디션이 저조하거나 불안, 불쾌한 일로 마음이 정리되지 않을 때는 거래를 피해야 한다.

어쩔 수 없이 직접 자신이 손으로 매매할 경우에는 단기적인 거래보다는 중장기적인 매매 전략으로 거래하기를 추천하고 익절매와 손절에 대한 설정을 반드시 하기 바란다. 그러나 정말 선물 거래를 통해 부자가 되고 싶다면 프로그램 매매를 고려해 보기 바란다. 이것이 필자가 이 책을 통해서 독자에게 꼭 알리고 싶은 가장 중요한 내용이다.

정말 선물 거래에서 성공하고 싶다면 자신의 매매 전략을 알고리즘화하여 시스템 트레이딩을 하길 진심으로 권한다. 앞서 소개한 '부의 원칙(The Rule)' 저자인 래리 하이트(Larry Hite)가 실패 후 월스트리트의 성공 신화를 이룬 가장 큰 이유는 바로 이러한 인간적 실수를 배제하기 위하여 시스템 트레이딩을 했다는 것이다. 이것은 이미 검증된 것으로 시스템 트레이딩은 선물 거래 참여자 중 최소 60% 이상이 이용하고 있다.

프로그램은 직접 발주하여 제작하거나 번들로 나와 있는 프로그램 중 안정되고 검증된 것을 구매하여 사용하기를 바란다. 검증되지 않은 프로그램은 거래 시 잦은 에러나 버그로 매매를 통째로 망칠 수 있으므로 프로그램을 구매하였다면 충분한 시간을 두고 모의 투자를 통해 확인 후 사용하여야 한다. 프로그램 구매에 부담을 느낀다면 AI를 활용하여 자신만의 프로그램 매매(시스템 트레이딩)가 가능하도록 직접 만들어 보는 것을 시도해 보라.

최근에는 증권사에서도 API를 통해 자동 매매를 할 수 있도록 제공해 주는 곳도 많아지고 있는 것은 다행스러운 일이다.

4

선물 거래의
실전 노하우

4.1 선물 거래 심법 다지기

선물을 매매하다 보면 어느 순간 뇌동매매에 휘말려 기준 없이 불나방처럼 자신도 모르게 매수와 매도를 반복하다 큰 손실을 보게 된다. 이것은 인간이 감정을 가진 동물이기에 발생하는 필연적인 결과이다. 캔들의 시조라고 하는 일본의 혼마 무네히사는 "자신만의 확고한 기준을 명확히 세워 결코 흔들리는 깃발처럼 이리저리 흔들리지 말고 기준 있는 거래를 하여야 한다"라고 후세에 전하고 있다. 아무리 매매 고수라 해도 어찌 자신이 가진 생각이나 기준대로만 시장 상황이 만들어지겠는가?

매매 기법은 차라리 완벽하지 않아도 된다!

차라리 "고장 난 시계는 하루에 두 번은 정확히 맞는다"라는 말이 있듯이 흔들리는 거래보다는 명확한 기준으로 거래하라는 간곡한 이야기다. 매매하다가 매수, 매도의 진입 기준이나 청산의 기준이 잠깐 흔들리거나 자신이 없어졌다면 과감히 차트를 벗어나 휴식을 취하고 차

라리 고장 난 시계가 되어 보는 것도 좋은 방법이다. 그리고 다시 장을 멀리서 크게 바라보면 놓치고 보지 못했던 무엇인가가 보일 것이다. 실제로 필자는 전략을 수립할 때 이 방법이 가장 주효했다. 마치 어린 시절 안 풀리던 수학 문제를 밤새 끙끙 매면서 풀어보다 지쳐 포기하고 시간이 지난 후에 그 문제 풀이 방법이 신기하게 나타나는 것을 체험한 것처럼 말이다.

변동성이 큰 선물 거래는 수익도 크게 주지만 손실도 크기 때문에 거래할 때 항상 잊지 말고 이를 반복하길 바란다. 여러분이 선물 거래를 시작하여 언젠가 위기가 올 때 접어 두었던 이 책을 다시 꺼내서 읽고 초심을 유지하기를 바란다.

기법(技法) 이야기

우리가 선물 매매하다 보면 수많은 보조지표와 기법들을 만나게 된다. 역사적으로 오랫동안 많은 이들의 성공적인 거래에 도움을 주었던 지표와 기법들이 왜 실전에서 오히려 손실을 나게 하는 이유가 될까? 너무 많은 정보는 기준을 세우는데 오히려 역효과를 가져온다.

어느 기법이나 보조지표도 최소한으로 집중하여 반복해서 연구하면 오히려 그것이 더 빠른 수익 창출에 도움이 된다. 어떤 지표도 완벽할 순 없고 그렇다고 지표를 무시하라는 것도 아니다. 지표는 어둠 속에서 단지 목적지로 안전하게 안내하여 주는 등대와 같지만, 등대가 안전한 정박을 책임져 주지는 않는다.

자신에게 가장 잘 맞는 기법을 최대한 단순화하여 그 기법의 달인이 되도록 연구하고 자신의 것으로 만드는 것이 가장 중요하다. 비로소 그것이 자신만의 기법이 되는 것이다. 초보 트레이더 때는 열심히 귀동냥도 하고 유투브나 서적을 통해 선물 거래 관련 지식을 쌓게 된다. 그러나 너무 많은 정보와 가르침에 자칫 자신만의 전략을 만들지 못하게 될 수도 있다. 부지런히 지식은 구하되 반드시 그것들을 자신만의 기법으로 반드시 만들어야 한다. '결코 완벽한 기법은 없다'라는 것이다. 자신이 세운 기법이 오랜 고수들보다 비록 높은 수익을 내지 못한다 해도 만족하면서 손실을 줄여가고 평생 작은 수익이라도 낼 수 있다면, 그것은 성공한 자신만의 기법이 되는 것이다.

패턴을 열심히 익히자

온고이지신(溫故以知新), "옛것을 익히고 그것을 미루어 새것을 안다." 공자가 논어의 위정편에서 말한 유명한 말이다. 앞에서 말한 바와 같이 주식 시장과 달리 파생 상품인 선물은 결이 다르다. 기업의 실적이나 경영인의 자질 등이 주가에 영향을 미치는 것과 다르게 선물 거래에는 차트 이외에는 그 어떤 정보도 의존할 것이 없다. 따라서 차트를 독해할 뿐만 아니라 이해하고 특히 여러 패턴을 익히는 것이 너무나 중요하다. 차트는 놀랍도록 다양하면서 일정한 패턴을 지닌다. 즉, 지나간 차트를 보면서 복기하며 다양한 차트를 경험하고 이를 자신의 매매에 참고 자료로 사용하길 바란다.

선물 매매는 대부분이 자동 매매 프로그램으로 실행된다. 당연히 프로그램은 일정하거나 혹은 일정하지 않은 패턴을 지니고, 세력이라 일컫는 이들은 바로 이러한 패턴을 통해 거래 시장에 속임수를 섞어 사용하게 된다. 설마 차트가 시장의 경제 논리에, 혹은 지표에 따라서만 전적으로 움직인다고 생각하고 있는 이들이 있다면 그 순진한 생각을 과감히 버리길 바란다.

카지노의 대표적 게임을 꼽으라 하면 블랙잭과 바카라를 들 수 있다. 이들의 게임 구조를 보면 확률과 패턴을 통해 이루어진다. 특히, 홀짝 게임 같은 바카라의 경우 카지노는 플레이어에게 여러 가지 패턴 정보를 보여준다. 마치 답안지를 보여주듯 친절히 지나간 데이터를 나열해 준다. 플레이어는 이미 진행된 패턴 정보를 보면서 게임을 하게 되는데, 바로 여기에 플레이어가 스스로 그 정보에 현혹되어 손실을 보게 만드는 것이다. 즉, 카드를 제작할 때 이미 플레이어가 현혹되어 실수를 할 수 있도록 구성하여 제공된다는 사실은 잘 알려진 이야기이다.

파생 상품인 선물 거래 시에도 다양하지만, 어느 정도 일정한 패턴 정보를 차트에 보여줌으로써 이 패턴 정보에 익숙한 트레이더들을 현혹한다. 그러나 트레이더가 이러한 차트의 패턴 정보의 구성을 충분히 이해하고 세력의 속임수마저도 역이용하는 자신만의 기준을 세운다면 패턴 정보는 큰 도움을 주게 된다. 따라서 독자들이 선물 거래한다면 항상 지나간 차트에서 다양한 패턴을 정리하여서 보기만 해도 금방 이해할 수 있는 패턴의 달인이 되길 바란다.

자동 매매에 임하는 마음 다지기

자동 매매는 패턴이나 기법을 수식화한 매매일뿐 당연히 완벽하게 이익을 실현하는 도구라고 확정할 수는 없다. 인간이기에 매매하면서 실수할 수 있는 물리적 환경을 제거하고 뇌동매매를 방지할 수 있게 도움을 주지만, 자동매매가 무조건 고수익을 가져오게 한다는 환상은 버려야 한다. 물론 수많은 백테스트를 통해 어느 정도 좋은 결과를 가지고 만들어진 매매 방법이기에 장기적으로는 수익을 실현하는 데 도움이 되는 것은 사실이다.

자동 매매를 진행하는 동안 잠시 오류에 빠질 것을 염려하여 조언한다면, 일단 자신이 세운 전략에 믿음을 가져야 한다는 것이다. 이를 위해서는 자동 매매를 시행하기 이전에 충분히 검토하고 어느 정도 확신이 섰을 때 이를 이용하길 권장한다. 그러나 일단 진행한다면 일정 목표까지는 일희일비하지 말고, 그 기간의 누적 수익을 통해 결과를 검토하여야 한다. 예를 들어, 목표 기간이 한 달일 때는 비록 어느 한 주 동안 손실이 발생했다고 해서 겁을 먹고 자동 매매를 멈춘다면 결코 목표 기간의 누적 수익에 대한 정보를 구할 수 없게 되어 매매 실패의 가능성이 커지게 된다.

손절과 익절

모든 거래에서 항상 수익을 내는 트레이더는 없다. 반복해서 언급하고 있지만, 자신의 자산 능력에 맞는 거래 금액을 설정하고 그 한도 내에서 거래를 운용하여야 한다. 과도한 레버리지나 몰빵식 거래는 자신의 계좌를 항상 텅 비게 만드는 지름길이라는 것을 명심해야 한다. 일일, 주간, 월간 또는 그 이상의 기간을 정하고, 그 기간에 목표하는 이익과 손실액에 대해 기준을 정하여야 한다. 예를 들어, 하루 거래의 목표 수익이 증거금의 5%라면 그 목표액이 달성되면 과감히 거래를 마치는 결단을 보여야 한다. 마찬가지로 하루 거래의 목표 손실액이 증거금의 3%라면 어떠한 경우라도 이 한도 내에서 거래를 중단해야 한다.

선물 거래는 휴일을 제외하고 매일 할 수 있다. 굳이 오늘이 아니어도 참여할 기회는 항상 있기 때문이다. 자신의 전략과 의도와 달리 손실이 발생한다면, 과감히 손실을 받아들이고 그에 따른 전략 수정과 보완의 기회로 삼아야 한다.

손절(Stop Loss)에 대하여

선물 거래에서는 무엇보다도 위험 관리(Risk Management)가 최우선이다. 따라서 손절을 정확히 이해하고 대응하는 것이 정말 중요하다. 손절은 반드시 자신이 매매에 임할 때, 이미 그 기준이 정해져 있어야 한다. 그렇지 않으면 뇌동매매에 빠져서 손절 시기를 놓치게 되어 큰 손실을 볼 수 있게 된다.

손절을 구분한다면 흔히 기계적 손절과 기술적 손절로 나누어 볼 수 있다. 기계적 손절은 매매 진입을 기준으로 단순히 '00포인트', 또는 '00틱'을 정하는 것을 의미한다. 이러한 손절 대응 방식은 가장 명료한 방법이긴 하나 수많은 거래를 통해 경험치가 상당히 쌓여야만 하는 것이다. 그렇지 않으면 반복되는 손절로 손실이 크게 발생할 수 있고, 더욱 중요한 것은 잦은 손절로 인해 좋은 매매 시점이 오더라도 자신 있게 진입하지 못해 매매를 그르치게 된다.

특히, 나스닥 선물 등 최근의 파생 상품들의 변동성 변화는 해가 갈수록 손절의 범위가 커지고 있다는 것이다. 소위 세력들은 방향을 정하기 전에 매수, 매도 폭을 크게 하여 위, 아래로 흔들면서 손절을 기계적으로 정한 개미투자자들을 떨쳐 버리는 수단으로 활용한다. 그런데 그 진폭이 해가 갈수록 너무나 커진다는 것을 숙지하기를 바란다. 그래서 너무 짧은 구간을 손절로 정하면 손절에 따른 손실이 너무 자주 나타난다.

기계적 손절의 성공률을 높이고 싶다면 정확한 지지 저항선을 찾아 돌파 시점에 맞추어 짧게 설정하여야 하므로 많은 매매 경험치가 필요하다. 예를 들어, 봉 중심선에서 치열하게 돌파 시도를 할 때 또는 신고가, 신저가 갱신 부분에서 횡보 구간 돌파 지점, 주요 이동평균선의 골든 크로스 지점 등을 들 수 있다.

그렇다면 기술적 손절은 무엇을 의미할까? 이는 기계적 손절에 상대 되는 개념으로서, 기계적 손절과는 달리 손절의 폭을 일정하게 정하지 않고 탄력적으로 운영하여 진입을 결정한다는 것이다. 따라서 기술적 손절은 그 폭이 일정하게 정해져 있지 않기 때문에 탄력적으로 운영되어야만 한다.

예를 들어 보자. 현재 횡보가 진행되고 있을 때 고점 매도, 저점 매수를 시도한다면 고점 매도 시 이전 봉의 고가에 자신이 정한 손절 값을 +5라고 정한다면, 그것이 기술적 손절로 이해하면 된다. 장기 이동평균선을 활용하여 매매하는 경우, 단기 이동평균선이 장기 이동평균선을 뚫고 추세가 진행될 때 매수로 진입하는 경우를 예로 들어 보겠다. 20일, 100일, 200일 이동평균선이 정배열인 경우, 20일 이동평균선이 100일 이동평균선을 돌파할 때 매수로 진입하였다면, 소극적 손절 대응은 진입 후 100일 이동평균선 아래로 가격이 하락하면 '손절한다'고 하는 것이며, 적극적 손절 대응은 200일 이동평균선 아래로 하락할 때까지 버티는 장기 손절 폭이 될 것이다.

이처럼 자신이 진입할 때 이유가 되는 전략에 따라 손절의 폭을 다양하게 적용하는 것이 성공적인 매매에 임하는 기초가 된다. 기계적 손절이든 기술적 손절이든 손절은 매매에 있어 가장 중요한 요소이다. 손절을 정할 때도 두 가지 방법이 있다. 증권사의 홈트래이딩시스템(HTS) 마다 다를 수 있겠지만 대개 지정가 손절, 또는 시장가 손절을 설정하여 대응하는 방법이 있다. 그러나 이럴 때도 마음을 놓고 있어서는 안 된다.

거래량이 적은 시간에는 체결이 잘 이루어 지지만 거래량이 많은 시간대에서는 정해 놓은 지점을 건너뛰어 체결되지 않는 슬리피지(Slippage)가 발생하기 때문이다. 따라서 거래량이 많고 변동성이 클 경우, 시장가로 손절을 설정하는 것이 안전하다.

익절(Take Profit)에 대하여

앞서 손절에 대해 알아보았다면, 이제 익절을 어떻게 하면 성공적으로 실행할 것인지를 알아보기로 하자. 당연히 익절도 기계적 익절과 기술적 익절로 구분하여 설명해 보겠다.

기계적 익절이란 체결 기준으로 '00포인트, 00틱'을 달성하면 청산하는 것을 의미하며, 기술적 익절이란 진입한 이유에 따른 청산 지점을 탄력적으로 정하는 것을 뜻한다. 기계적 익절을 하는 경우, 손익비(profit and loss ratio)를 가장 중요하게 고려해야 한다. 즉 손절을 30틱으로 기계적으로 설정했다면, 익절은 1.5배나 2배인 45틱, 60틱으로 설정하여야 한다는 것이다. 그래야 하루 매매 중 승률이 5 대 5가 되더라도 이익을 실현할 수 있기 때문이다.

기술적 익절은 이와는 다른 형태로 설정되어야 한다. 예를 들어, 횡보 구간을 지나 추세장이 발생하여 매수나 매도로 진입한 경우, 추세가 멈추거나 약해지는 구간을 익절 청산 지점으로 정하게 된다. 추세가 꺾이는 것을 알려면 이동평균수렴발산(MACD), 상대강도지수(RSI), 평균방향지수(ADX) 등의 보조지표들을 활용하여 자신의 익절 목표를 설정하면 된다.

익절 청산의 경우에도 손절과 마찬가지로 지정가 청산과 시장가 청산을 잘 활용하여야 한다. 지정가 청산의 경우 자신이 정한 정확한 목표에서 청산하게 되지만 시장가 청산은 자신이 정한 목표와 다르게 체결(슬리피지)된다는 것을 이해하고 있어야 한다.

추세장과 횡보장 이해

선물 거래에서 횡보장(Ranging Market)과 추세장(Trending Market)은 시장의 두 가지 주요 상태를 나타낸다. 각각의 특징과 대처 방안을 살펴보겠다.

횡보장(Ranging Market)

가격이 오르락내리락하면서 특정 구간 안에서만 움직이는 상태를 말한다. 마치 공이 벽에 부딪혀 왔다 갔다 하는 것처럼 말이다. 가격이 일정 범위(지지선과 저항선) 내에서 오르내리며 방향성이 없는 시장인데, 고점과 저점이 비슷한 수준에서 형성되며 거래량이 감소하거나 매물대가 많은 구간에서 횡보장이 자주 발생한다.

차트 패턴은 볼린저 밴드(Bollinger Band)가 수축하며, RSI가 40~60 구간에서 횡보하게 되는 것을 볼 수 있다. 이런 경우의 매매 전략은 지지선(Support)에서 매수, 저항선(Resistance)에서 매도(Range Trading)하여야 한다. 만약 횡보장이라고 판단된다면 역추세 전략이 유리(예: RSI 30에서 매수, 70에서 매도)하다. 이때 초보자가 실수하는 경우는 추세 전략을 고수하다가 지지선/저항선을 무시하고 "추세가 올 것이다"라며 기다리다가 손실이 커지는 경우가 많다. 과도한 레버리지를 사용하게 된다면, 작은 변동 폭에도 강제로 청산당할 위험이 있다.

이런 횡보 구간에서는 스캘핑(Scalping)이란 매매로 거래하는데 이것은 작은 차익을 반복적으로 노리는 것을 말한다. 예를 들어, 10,000원에 사서 10,500원에 팔고, 다시 10,000원에 사서 10,500원에 파는 식이다. 횡보장에서는 무리하게 거래하지 말고, 시장이 방향을 정할 때까지 기다리는 것도 좋다. 자신이 원하는 추세가 이루어질 때까지 기다리는 것도 좋은 매매 전략이다.

추세장(Trending Market)

가격이 한 방향으로 계속 움직이는 상태를 말한다. 고점과 저점이 연속적으로 높아지면 상승추세, 고점과 저점이 연속적으로 낮아지면 하락추세이다. 예를 들어, 어떤 주식이나 선물의 가격이 20,000포인트에서 20,500포인트로 계속 오르면, 이건 상승 추세장으로 볼 수 있다. 이럴 때는 추세를 따라가는 매매 전략을 세워야 한다. 간단히 말하면, 상승추세라면 사고, 하락추세로 전환하면 청산한다는 것이다.

차트 패턴을 보면 가격이 20일 이동평균선 위에서 지속되며, RSI(70 근처)가 과매수 구간에서도 계속 상승한다. 이때의 매매 전략은 추세 추종 매수(예: 이동평균선 돌파 시 매수, 고점 돌파 시 추가 매수)하고 하락 시 이동평균선이 지지선 역할(예: 50일선에서 반등 시 매수)을 하게 되므로 지지를 받고 상승한다면 추가 매수한다. 이런 경우, 경험이 없는 초보자들은 "너무 오른 것 같아"라며 조기 익절하여 추세가 길게 이어질 경우 추세로 인한 수익 기회를 놓치게 된다.

또 다른 실수는 "이제 추세가 끝날 것이다"라는 추측으로 역추세 매도를 시도하다가 강한 상승장에서 큰 손실이 발생하기도 한다. 이런 경우에 트레일링 스탑(Trailing Stop)을 잘 활용하는 것이 좋은 매매 전략이다. 예를 들면, 10,000원에 사서 손절을 9,000원에 설정해 놓았는데 12,000원으로 상승했다면 9,000원에 손절을 잡아 놓은 것을 11,000원으로 손절매를 올려서 가격이 오를 때마다 수익을 보호하는 것을 말한다.

추세장과 횡보장을 구분하는 기술

추세장과 횡보장을 구분하는 핵심적인 기술적 방법 중에서 초보자도 이해하기 쉬운 방법은 다음과 같다.

✤ 이동평균선

이동평균선을 보면 추세장에서는 단기·장기 이동평균선이 정렬되어, 위 또는 아래로 향하게 된다. 횡보장에서는 이동평균선들이 서로 엉켜 움직이는 것을 볼 수 있다.

✤ 평균방향성지수(ADX)

ADX(Average Directional Movement Index)가 25 이상이면 추세가 형성되기 시작하며, 30 이상으로 지속되면 추세가 자리를 잡았다고 본다. 반대로 ADX가 20 이하가 되어 지속된다면, 횡보장이 예상된다.

✤ 볼린저 밴드(Bollinger Band)

밴드가 좁아지면 횡보장, 넓어지면 추세장으로 시작되는 가능성을 볼 수 있다.

✤ 일목균형표

선행스팬의 구름대가 두꺼워지면 횡보가 예상되며 구름대가 얇아지고 기준선과 전환선의 간격이 좁아지면서 동일 방향으로 상승하거나 하락하면 추세가 예상된다.

정리하자면, 어떤 지표를 활용하든지 저점 매수, 고점 매도에 대한 욕심을 내지 말고 자신이 열심히 연습한 지표의 기준선을 정하여 가격이 그 위에 있으면 상승추세, 아래에 있으면 하락추세라고 생각하고 자신만의 추세 기준을 설정한다면 지혜로운 매매 전략이라 할 수 있다.

초보자를 위한 팁을 준다면 시장의 성격을 먼저 판단하라는 것이다. 아침에 차트를 열면 개장 때 ADX를 확인하여 지난날에 이어 추세인지, 횡보인지를 구분 후 전략을 선택하는 것도 하나의 방법이다. 횡보장에서는 인내심이 핵심이고 무리한 매매보다는 확실한 지지선, 저항선까지 기다려야 한다.

"초반 추세를 타라!" 추세장에서는 과감함이 승리의 기본 요소이다. 조기 청산보다는 트레일링 스탑을 잘 활용하여야 한다. 추세장과 횡보장은 모두 장단점이 있다. 추세장은 수익 얻을 가능성이 크지만, 손실도 클 수 있다. 횡보장은 수익을 얻기 어렵지만, 손실을 줄일 수 있다. 따라서, 선물 거래할 때는 추세장과 횡보장의 특징을 잘 이해하고, 자신의 투자 성향에 맞는 전략을 선택하는 것이 중요하다.

4.2 선물 거래의 차트 분석

주요 지지 및 저항선 분석과 활용

사등분선

점이 모여서 선이 되고, 선이 모여 면이 되고, 면이 모이면 입체가 되어 3차원이 된다는 가장 기본적인 원리를 이해한다면 선물 매매에 도움이 된다. 차트를 구성하는 봉(캔들)의 모습도 같다. 일정한 시간 내에 매수와 매도를 표시하여 주는 봉의 모양과 크기는 결국 어떤 봉에서 이것을 관찰하고 활용할 것인지가 매매에 중요한 사항이 된다.

5분봉을 연속하여 6개를 이으면 30분봉의 모양과 크기가 되는 것이다. 너무나 간단한 말 같지만, 이것은 차트를 이해하고 활용하는 데 매우 중요한 의미가 있다. 잦은 단타 매매로 수익을 얻는 트레이더에게는 3분봉, 5분봉이 중요한 도구가 될 수 있으나 하루에 두, 세번 매매를 하는 트레이더에게는 60분봉이나 240분봉 등이 더 유용하게 사용될 수도 있다.

매매의 성향은 각자의 성향 차이 때문에 무엇이 옳다, 그르다 판

선물 거래 차트의 사등분선 예

출처: 키움증권 영웅문G

단하는 것은 다루지 않겠다. 중요한 것은 차트를 보면서 이러한 다양한 분봉이나 시간 봉들을 한 눈에 이어 볼 수 있어야 한다. 왜냐하면 추세나 횡보를 판단하기에는 단기 봉으로는 너무 부족하기 때문이다. 이런 경우 사등분선을 적절히 활용하는 것이 중요한 방법이다. 이를 잘 활용하려면 최소한 30분봉 이상에서 최근의 고점과 저점을 사등분선 툴을 이용하여 구분하면 된다. 이때 형성된 사등분선의 고점과 저점은 하나의 봉으로 인식하면 편리하다. 즉, 사등분선 내에 수많은 양봉과 음봉들이 형성되어 있더라도 이를 무시하고 한 개의 큰 장대 봉으로 보면 된다.

사등분선의 각 선을 돌파한다면 새로운 추세를 예상할 수 있고, 사등분선에서 횡보하면 구간별 진입과 청산도 쉽게 판단할 수 있다. 무엇보다도 진입과 청산, 손절 구간이 명확하게 구분되어 매매를 더욱 효율적으로 가져갈 수 있다.

봉 중심선

한 봉은 특정 시간대의 매수 또는 매도의 방향과 힘 등을 모두 나타내고 있다. 봉 중심선을 이용하여 매매하려면 - 물론 자신만의 특별하게 수립된 성공적인 단타 전략인 스캘핑 매매를 할 수 있다면 모르겠지만 - 안전한 거래를 위해 최소한 30분봉 이상에서 봉 중심선을 이용하는 것을 권장한다.

봉 중심선의 예

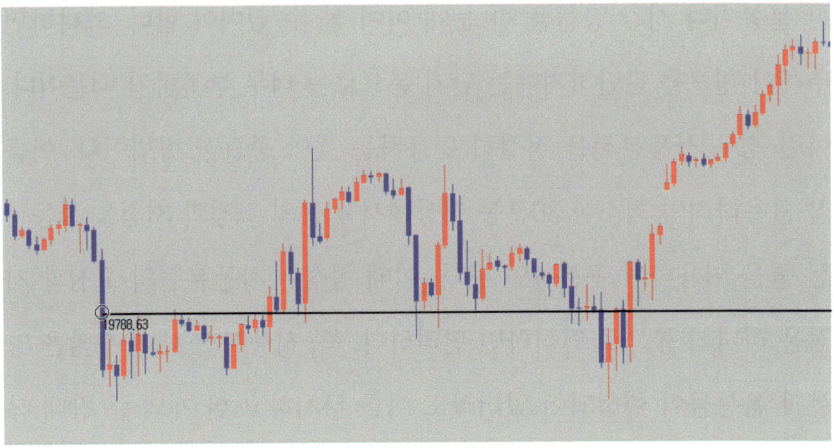

봉 중심선은 현재 봉에서 다음 봉으로의 전환에 큰 역할을 담당한다. 따라서 거래량이 많이 수반된 봉일수록 봉의 크기가 클수록 활용하는 데 도움이 되므로 반드시 거래량을 확인해야 한다. 특히, 주요 변곡점이 예상되는 지점에서의 거래량이 많은 봉은 향후 추세도 예측할 수 있으므로 봉 중심선에 대한 활용 능력을 키워야 한다.

봉 중심선을 돌파하지 못하고 다시 방향을 바꿀 때 진입이 가능하나 한 번에 진입하는 것보다 몇 번의 반복적인 지지와 저항의 상태를 파악한 후에 진입하는 것이 안전하다. 물론 이런 상황에도 반드시 손절을 정하고 진입하여야 한다. 이렇게 사등분선이나 봉 중심선을 진입 포인트로 삼는 가장 큰 이유는 손절 라인을 명확하고 짧게 하기 위함이다. 만약 봉의 시가에 진입했거나 추세 매매 중에 이러한 거래량이 큰 봉으로 출현했을 경우, 봉 중심선의 돌파 여부에 따라 그것을 청산 시점으로 삼는다면 안전한 청산에 도움이 될 것이다.

✣ 봉 중심선을 활용한 단기 추세 파악

50~100포인트 정도의 장대봉이 출현하면, 이 봉의 중심선을 통해 향후 단기적으로 매수/매도의 추세를 파악해 볼 수 있다. 이것은 실로 소름 끼칠 정도의 지지 저항선 역할을 한다.

✣ 추세의 방향과 추세의 역전

봉 중심선이 지지선이나 저항선으로 작용하고 있는 경우, 이를 돌파하지 못하고 있는 상태에서는 돌파하지 못하고 있는 쪽이 추세의 방향일 수 있고 이를 강력한 봉으로 돌파하면 추세의 역전이라고 볼 수 있다.

✣ 장봉의 출현

장봉 출현 시 다음 봉에서 쉬어 가는 봉의 봉 중심선을 활용하여 매수/매도추세를 파악한다. 장대 양봉, 장대 음봉 출현 후, 다음 봉에서 쉬어 가는 구간에서 봉 중심선을 활용하면 이후 강력한 지지와 저항선 역할을 하게 되는 것을 보게 되며 이는 매수/매도 방향을 결정하는 데 도움이 된다.

추세선

지지와 저항을 가장 극명하게 나타내 주는 것은 추세선이라고 할 수 있다. 추세선은 지지선과 저항선을 나타내 줄 뿐 아니라 매수, 매도의 진입을 결정하는 아주 중요한 역할을 한다. 추세선은 상승추세선, 하락추세선, 수평선 등으로 나타내는데 이전 고점과 고점, 이전 저점과 저점을 잇는 추세선은 두 개의 점보다 세 개 이상의 점을 연결할 때 더 신뢰할 수 있다.

만약 추세선을 만드는 것이 서툴거나 힘들다면 증권회사에서 제공하는 도구(Tool) 기능 중 자동 추세선을 이용하면 편리하게 활용할 수 있다. 추세선을 이용할 때, 3분봉, 5분봉, 30분봉 등 자신의 매매 성향에 맞게 활용하는 것이 필요하다. 여러 분봉의 차트를 동시에 보면서 각 추세선의 패턴이 같게 적용되는 경우를 진입이나 청산의 포인트로 활용하면 유익하다. 이때 3분봉이나 5분봉의 추세선은 볼린저밴드와 함께 사용하면 진입 시점을 찾는 데 아주 유용하고, 30분봉 이상에서는 추세의 전환을 인식하는 데 큰 도움이 된다.

언뜻 별 개 아닌 선 같지만, 이 추세선은 차트에서 가장 중요한 역할을 담당하는 선이다. 추세의 방향과 변곡의 시작, 횡보 등을 모두 한 번에 쉽게 파악할 수 있어 매매의 나침반(Navigation) 역할을 한다. 그러나 너무 짧은 봉에서의 추세선은 쓸데없이 잦은 매매와 청산을 하게 되어 오히려 독이 되는 경우가 있으므로 추세 전환이 이루어졌다고 판단할 때 진입 시점으로 활용하기를 바라며 자신에게 잘 맞는 분봉을 선정하여야 한다.

✣ 추세선의 활용

추세선을 이용하는 가장 큰 이유는 추세의 진행과 변곡을 알기 위함이다. 추세선을 활용하는 가장 큰 기준은 상승이나 하락 추세선이 형성되었을 때, 현재가가 추세선을 뚫고 반대로 진행되는 경우에서 변곡을 살펴 청산이나 스위칭하여 진입하는 것으로서 이는 트레이딩의 기본이 된다.

매매의 나침반 역할을 하는 추세선

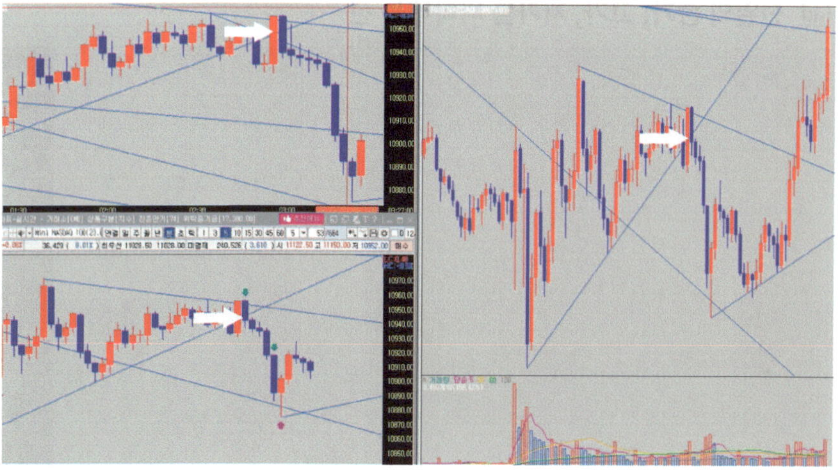

출처: 키움증권 영웅문G

✜ 전일의 주요 선

전일의 종가, 고가, 저가는 매매 당일에 거래하는 주요 선으로 활용된다. 물론 크게 본다면 전주, 전월 등으로 더 긴 시간 단위로 나누어 종가, 고가, 저가를 활용할 수도 있겠지만 일단 전일 것만을 가지고 다루고자 한다.

CME 거래소의 나스닥 선물 거래는 하루에 23시간 이루어진다. 개장 전 한 시간 동안만 멈추었다가 온종일 거래한다. 지구촌 시간대는 아시아 시간대와 유럽 시간대 그리고 미국 시간대를 크게 나누어 볼 수 있다. 미국 시장이 개장할 때까지는 거래량이 적어서 변동 폭도 상대적으로 심하지 않다. 따라서 변동 폭이 상대

전일의 종가, 고가, 저가를 나타내는 선

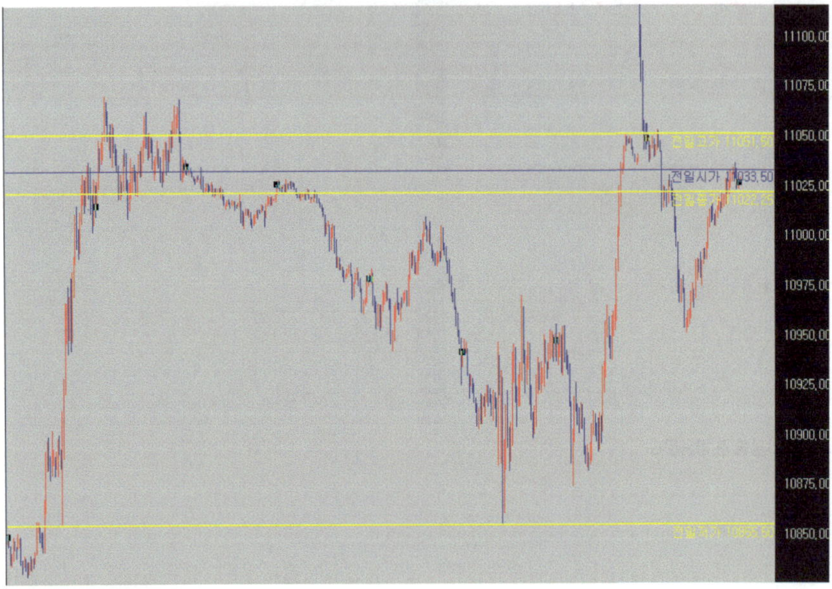

출처: 키움증권 영웅문G

적으로 매우 큰 미국 시장 개장 시간대를 회피하려면 매매 성향에 따라 자신이 선호하는 시간대를 선택하는 것이 좋을 것이다. 그러나 각 시간대별 매매는 각기 다른 패턴과 몇 가지 주의 사항을 알고 거래에 임해야 큰 손실을 막을 수 있다.

예를 들어, 선물시장이 개장되는 시간에는 전일의 거래에 대한 영향을 매우 크게 받을 수 있다. 그러므로 특히 오버나잇(Overnight) 거래는 여러 가지 변수를 감안해서 해야 큰 손실을 막을 수 있다. 오버나잇 거래라고 하는 것은 트레이더들이 전일 장이 마감될 때까지 거래를 청산하지 않고 유지하고 있는 경우를 말하는데, 가장 유의하여야 할 점은 장이 멈추어 있는 시간에 발생하는 변수와 장외 거래에 대한 정보가 없는 상태에서 개장과 함께 발생하는 급등락 장세에 대해 대비를 전혀 할 수 없다는 것이다. 갭 하락, 갭 상승이 큰 폭으로 발생하면, 방어하기 힘들기에 장기 전략 매매가 아니라면 가능한 당일 거래 후 당일 청산하는 것이 좋다.

라운드 피겨

주요 지지 저항선 중에 가장 기본이 되는 것은 라운드 피겨(Round Figure) 선이다. 라운드 피겨란 간단히 말해 큰 가격이 형성되는 분기가 되는 지수선을 말하는데, 예를 들어 10,000, 11,000, 12,000 … 등의 가격선을 말한다. 작게는 100단위, 500단위 크게는 1,000단위로 구분되는 선을 의미한다. 이런 지수선에 도달하게 되면 추세는 지지와 저항을 받게 되는데, 이 선은 돌파나 변곡 등이 예상되는 주요 지점이므로 매수나 매도 진입 시 청산의 기준점으로 유용하다.

강력한 장대 봉으로 돌파하지 않는다면 지지와 저항이 공존하는 지점이기 때문에 잠시 쉬어 가는 선으로 활용해도 된다. 기다리면서 추세의 방향이 다시 정해지면 그때 천천히 진입해도 된다. 항상 언급하지만 매일 23시간 양방향으로 거래되는 선물 거래는 급하게 서둘수록, 매매가 잦을수록, 성공적인 트레이딩을 하기가 어렵다. 늘 기다리고 관망하고 최적의 타이밍을 포착하고 속임수도 확인하면서 얼음판을 건너는 마음으로 경계하고 또 경계해야 하므로 이런 주요 변곡점에서는 한 번 쉬어 가며 거래에 임하길 바란다.

라운드 피겨(Round Figure) 선의 예

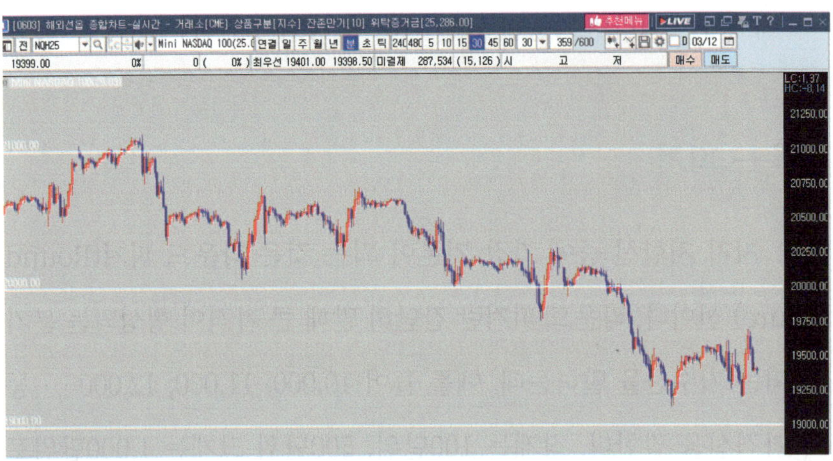

출처: 키움증권 영웅문G

이동평균선

이동평균선(Moving Average, MA)을 모르고 매매를 한다는 것은 눈을 감고 운전하는 것보다 더 위험하다. 다만, 이동평균선은 후행 지표이기 때문에 지금의 매매 신뢰도를 높여 주는 데에는 한계가 있다. 무릎에서 사서 어깨에 팔려고 하는 트레이더라면 이동평균선의 활용 능력을 키워야 하며 자신의 매매 성향에 맞게 잘 활용해야 한다.

예를 들어 5일선을 이용하는 트레이더라면 거의 스캘핑(Scalping)에 가까운 진입과 청산을 해야 할 것이다. 그러나 60일선 이상을 이용하는 트레이더라면 상대적으로 적은 진입과 청산을 하게 될 것이다. 그러므로 자신의 투자 성향에 맞추어 주요 이동평균선을 굵게 하여[12] 이를 활용하면 차트를 활용하는 데 도움이 된다. 매매하는 동안 이동평균선은 트레이더에게 가장 좋은 방향 지시등이 될 것이다. 이동평균선은 추세의 변곡을 완만하게 보여 주며 청산의 포인트로도 활용되지만, 무엇보다 가장 큰 장점은 지지와 저항을 보여 주는 구간으로 활용된다는 것이다.

이동평균선은 다양한 종류로 표현된다. 단순, 지수, 가중 등 여러 가지로 표시되는데, 이 또한 자신의 매매 성향에 맞게 설정하여 사용하면 된다. 최근에는 워낙 변동성이 커서 상대적으로 덜 민감한 100 또는 200지수 이동평균선을 이용한 선물 거래에 유익하게 활용되기

12 예를 들어, 20일과 60일 이동평균선을 이용할 때 20일선과 60일선은 굵게 표시하고 다른 선을 얇게 표시하거나 아예 나타나지 않게 하는 방법

도 한다. 너무 잦은 거래를 피하고 큰 추세 속에 안정적인 매매가 선호되기 때문이다.

이동평균(MA)선의 예

출처: 키움증권 영웅문G

이격도와 이동평균선의 예

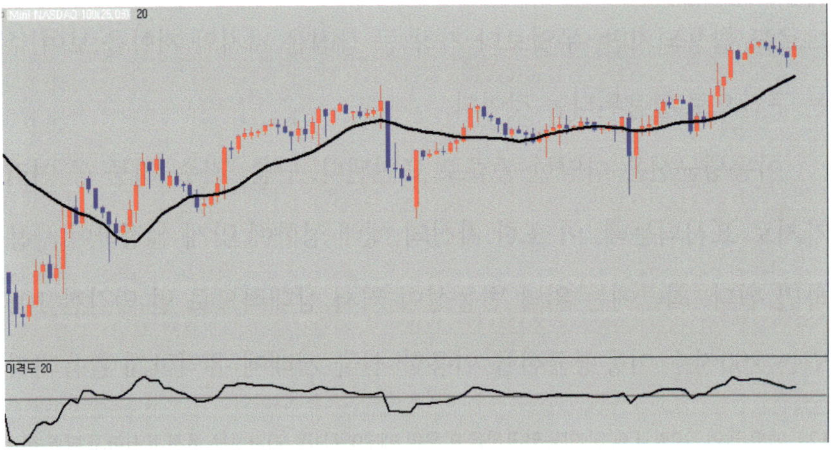

출처: 키움증권 영웅문G

이동평균선을 활용한 매매일 경우 반드시 이격도를 같이 참고하여야 한다. 우리가 보는 이동평균선은 곡선으로 이루어져 있어 상승하거나 하락할 이동평균선의 흐름의 변곡을 식별하기가 너무나 까다롭다. 그러나 이격도를 같이 활용하게 되면 시각적으로는 하락하는 이동평균선이지만 이것이 상승하는 신호인지 쉽게 구별하게 해 준다. 따라서 이동평균선을 활용하여 매매하는 트레이더가 이격도를 같이 활용한다면 훨씬 안정적인 거래에 도움을 받을 수 있다.

분봉과 틱(Tick)봉

차트를 구성할 때 가장 기본이 되는 캔들(봉)의 형태를 말한다. 분봉은 해당 시간의 시가와 종가, 저가와 고가를 표시하는 데 반해 틱(Tick)봉은 시간과 관계없이 해당하는 틱 수(체결 수)에 따라 봉이 변화한다. 다시 말하면 5분봉의 경우 5분마다 봉이 바뀐다. 그러나 틱봉은 5분이든 10분이든 체결된 틱 수에 따라 변하게 되는데, 예를 들어 60틱봉으로 설정을 하면 60틱의 계약이 완료되어야 다음 봉이 만들어진다는 의미다. 생소하게 들리겠지만 틱봉은 주로 추세를 판단하는데 도움이 된다.

시가와 종가에 따른 변화가 많은 분봉과 달리 틱봉은 해당 봉의 종가에 진입하며 음봉이나 양봉의 변화가 분봉과 다르게 표시되고, 추세의 변화를 잘 설명하고 있으므로 적절히 활용한다면 긴 익절을 원

틱 차트(Tick Chart)의 분봉과 틱봉

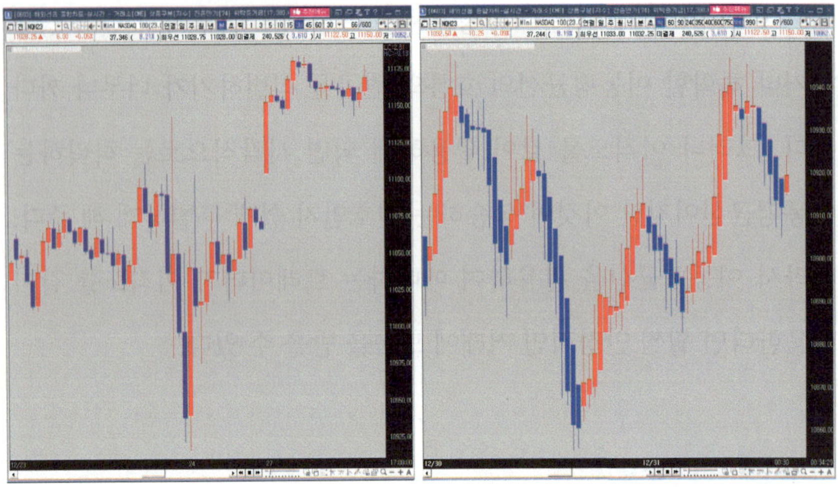

출처: 키움증권 영웅문G

하는 경우 도움이 될 수 있다. 틱 차트(Tick Chart)를 이용한다면, 이동평균선(MA)보다 삼중지수이동평균(Triple Exponential Moving Average, TEMA)[13] 선을 활용하면 더욱 도움이 된다. 틱 차트에서 TEMA선은 지지와 저항, 청산, 변곡 등을 모두 활용할 수 있다.

13 TEMA는 금융 시장에서 단기, 중기, 장기 추세를 동시에 파악하는 데 유용한 기술 지표임. 일반적인 이동평균(MA)과 달리 TEMA는 과거 데이터를 세 번 지수적으로 가중하여 계산하기 때문에 과거 가격 변동의 영향력이 점진적으로 감소하며, 최근 데이터에 더 많은 중점을 두는 것임. 따라서 시장의 변화에 더 빠르게 반응하고 동시에 과거 데이터의 중요성을 유지하는 데 도움이 됨.

4.3 주요 패턴의 분석과 활용

도지(Doji) 패턴

캔들의 형태가 십자가 모양을 이루고 있으며, 시가와 종가가 일치한다는 것은 위, 아래 꼬리(고가, 저가) 안에서 각기 다른 방향을 가진 두 세력의 힘이 균형을 이루어 서로 밀고 밀리는 대립 형태를 의미한다. 정상적인 도지 캔들(Doji Candle)은 지지와 저항이 강한 구간에서 매수와 매도의 강력한 대립이 있는 경우에 새로운 변곡점을 알려주는 신호로 많이 등장하지만, 모두 그렇지는 않다. 주의하여야 할 도지 캔들의 출현도 있다.

거래량을 동반한 큰 폭의 도지봉은 주로 장이 시작될 때 또는 지지와 저항이 강한 변곡점에서 세력들이 매수, 매도 구간에 이미 형성된 개미들의 손절 구간을 청산시키고 세력이 원하는 방향으로 가고자 할 때, 즐겨 사용하는 패턴의 일종이다. 따라서 이러한 큰 도지봉이 출현하였을 때는 뇌동매매에 휘말리어 큰 손실을 볼 수 있게 되므로 관망하고 있다가 추세 방향이 완성되었다고 판단될 때, 매매에 참여하는 것이 매우 중요하다. 큰 도지봉이 연속해서 진행되거나 이후 횡보가 지속된다면 차라리 이런 날은 매매하지 않고 쉬는 것도 성공적인 매매를 하는 것이다.

도지 패턴

출처: 키움증권 영웅문G

쌍 바닥, 삼 바닥 패턴

매도 추세가 진행된 후 지지와 저항선이 나타나는 구간에서의 쌍 바닥(지지받는 저점이 두 번 나타나는 지점)이나 삼 바닥(지지받는 저점이 세 번 나타나는 지점)은 강력한 매수 추세 전환을 예고하는 경우가 많다. 강력한 매도 추세 이후 반등하려는 매수 세력과 기존의 매도 물량이 맞물려 이를 청산하는 구간으로 남아 있는 매도 물량이 모두 소화되면 이후 강한 매수가 저항선을 뚫고 상승하게 된다.

이 경우 주의해야 할 점은 쌍 바닥이나 삼 바닥을 이루고 있는 패턴 위치가 최근 일봉 차트에서 최고점과 최저점 사이의 어디에 있느냐가 중요하다. 최근 일봉의 최고점과 최저점을 사등분선으로 나누어 이 패턴이 사등분선의 저점에서 위치한다면 상승 확률은 그만큼 더 크다고 볼 수 있다. 이 패턴의 활용 시 장점은 손절 구간을 짧게 가져갈 수 있다

삼 바닥 패턴

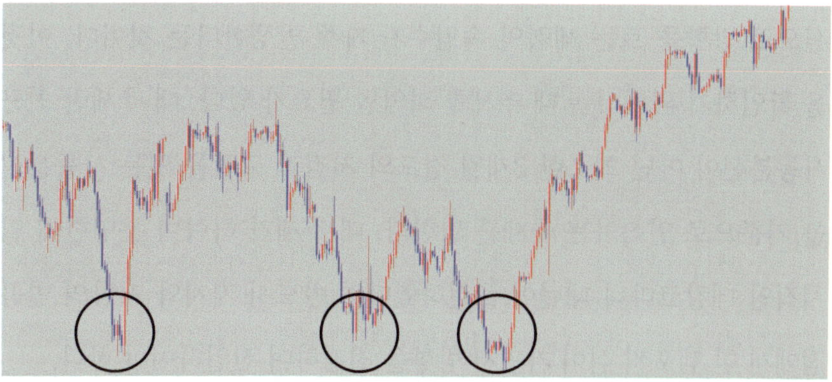

는 것이다. 추세의 변곡이 명료하므로 손절을 짧게 하면서 반복적 매수 대응이 가능하고, 만약 이 패턴이 예상되었던 매수 방향으로 추세가 진행될 시 손절에 의한 손실에 비하여 큰 익절이 가능하기에 중요한 의미를 지닌다. 당연히 이 반대의 경우도 똑같은 방법으로 해석하면 된다.

데칼코마니 패턴

깔때기 모양을 한 이 패턴은 흡사 데칼코마니와 비슷하다고 해서 일컫는 패턴이다. 일정한 추세가 한 방향으로 진행된 후 저점이나 고점 갱신 후 추세의 반대 방향으로 진행할 때 나타난다. 마치 현재까지 진행되었던 패턴과 유사하게 반대 방향으로 데칼코마니처럼 진행되며 지지와 저항, 돌파 청산점 등에서 신기한 패턴을 경험할 수 있다.

그러나 주의할 점은 이러한 경우에도 항상 지지와 저항이 명료한 변곡점에서 데칼코마니의 형태로 진행이 되는 듯하다가 반대의 포지션으로 방향을 트는 세력의 속임수가 자주 발생한다는 것이다. 이것을 확인하기 위해서는 대 추세를 파악할 필요가 있다. 대 추세란 최근 사등분선이 아닌 최소한 3개월 정도의 저점과 고점을 잇는 사등분선을 기준으로 인식하는 추세를 말한다. 대 추세가 하락이 분명한데 일시적인 데칼코마니 패턴이 출현하였다면 반드시 지지와 저항의 변곡점에서 한 템포씩 쉬어 가면서 방향을 점검하여 진입하여야 한다.

데칼코마니 패턴

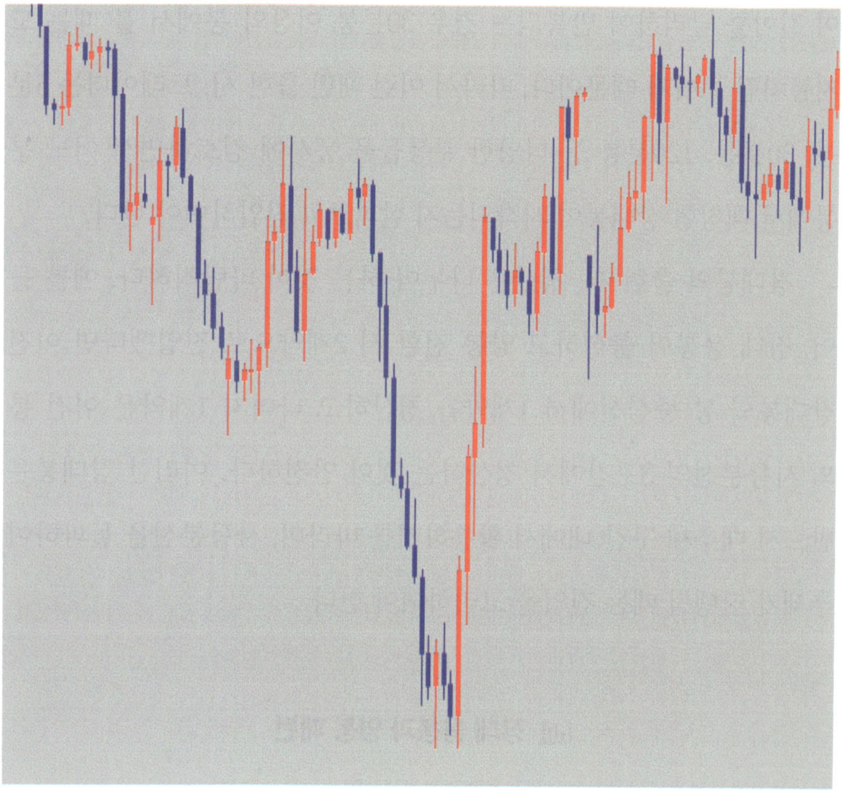

장대봉 패턴

일정 시간대에 장대봉이 서로 대칭적으로 나타나는 패턴을 말한다. 최소한 200틱 이상의 갑작스러운 장대봉이 출현하여 다음 봉에서 반대 방향의 장대봉이 나타나는 경우가 자주 있다. 이런 경우, 상당히 좋은 수익을 얻을 수 있는데, 이것은 더 큰 봉에서 보면 도지봉 같은 모양을 나타낼 때도 있어 혼동하기 쉽다. 예를 들어 5분봉에서 이러한 장대봉이 길이를 달리하여 반복되는 경우 30분봉 이상의 봉에서 볼 때는 도지봉처럼 보이기 때문이다. 따라서 이런 패턴 출현 시, 트레이더는 5분봉, 30분봉, 120분봉 등 다양한 분봉들을 동시에 검토하면서 어느 분봉에서 대칭형 장대봉이 시작되는지 살펴보고 진입하여야 한다.

장대봉의 출현 시, 청산은 나누어 하는 것이 바람직하다. 예를 들어, 장대 음봉이 출현하고 양봉 전환 시 2계약으로 진입했다면 이전 장대봉의 봉 중심선에서 1계약을 청산하고 나머지 1계약은 이전 봉의 사등분선의 3구간에서 청산하는 것이 안전하다. 이러한 장대봉은 반드시 대추세 구간 내에서 활용하기를 바라며, 사등분선을 돌파하여 추세가 진행될 때는 진입을 고려하여야 한다.

장대 음봉과 양봉 패턴

긴 꼬리봉을 통한 매수, 매도 진입

긴 꼬리가 100틱 이상(좀 더 세심한 기준 필요)으로 출현 시 꼬리 부분을 사등분선으로 적용하여 다음 봉이 이를 돌파하면 돌파된 매수, 매도 방향으로 진입한다. 예를 들어, 긴 꼬리 출현 시 다음 봉이 사등분선 맨 하단을 돌파 못한 경우 매수로 진입한다.

5

나만의 차트 만들기

차트! 그 한정판(limited edition)의 예술, 홈트레이딩시스템(HTS) 화면 한 편에 담아내는 트레이더의 초심을 이야기한다.

5.1 시장의 호흡인 차트

차트의 심장: 가격과 시간의 춤

차트는 시장의 호흡을 그린 그림이다. 가장 먼저 캔들 스틱(Candle Stick)을 중심에 두라! 봉 하나에 시가, 종가, 고가, 저가 등의 정보가 응축되어 있다. 붉은 봉과 푸른 봉이 만들어내는 패턴은 시장의 감정을 읽는 단서이다. 차트의 70%는 이 공간에 할애하되, 절대 고래같이 욕심부려 화면을 가득 채우지 마라. 가격은 언제나 단순하게, 그러나 선명하게 빛나야 하기 때문이다.

캔들 스틱은 시장을 표현하는 시(詩) 이다.
그 안에 고통과 희망이 녹아 있다.

보조지표: 세 가지 기둥의 법칙

홈트레이딩시스템(HTS) 화면은 작은 무대이다. 모든 배우를 등장시킬 수 없으니 주인공만 남겨라.

추세의 등대: 이동평균선(MA)

- 단기(10일)와 장기(60일) 이동평균선을 겹쳐 그려라.
- 두 선이 교차할 때, 추세의 전환이 울림소리처럼 다가온다.
- 단, 화면에 3개 이상의 이동평균선을 넣지 마라. 선이 겹칠수록 혼란은 배가 된다.

모멘텀의 파도: 상대강도지수(RSI)

- 오른편 하단에 작은 창으로 띄워라. 70과 30구간에 수평선을 그리면 과매수·과매도 신호가 손바닥 위로 들어온다.
- 단, RSI가 70을 넘었다고 바로 매도하지 말라. 강한 상승장에서는 RSI가 오랫동안 고점에 머물 수 있음을 기억하라.

거래량: 진실의 목격자

- 차트 하단에 거래지표를 표시하라. 가격 상승 시 거래량 증가

는 추세를 확신시킨다.

- "가격은 거짓말을 하되, 거래량은 절대로 거짓말하지 않는다" 라는 격언을 새겨두어야 한다.

지지와 저항: 눈에 보이지 않는 필수 요소

머릿속에 그려야 할 선

차트에 직접 그리지 않아도, 머릿속에 반드시 그려야 할 선이 있다.

✔ **주간 피벗 포인트**

전일 고가·저가·종가를 기준으로 계산된 지지/저항선

✔ **심리적 정수리**

10,000포인트, 100달러처럼 시장이 주목하는 숫자(라운드 피겨)

- 이 선들은 마치 보이지 않는 벽처럼 가격을 튕겨내곤 한다. HTS의 '주요 호가' 창을 분할 화면에 띄워놓고, 이 숫자들이 깨지는 순간을 포착하라.

리스크 관리: 차트에 새겨야 할 붉은 경계선

손절매 라인은 반드시 가시적으로 표시하라.

- 진입 가격의 1~2% 아래(물론 경험이 쌓이면 자신의 기준에) 빨간 점선을 그려라.
- "이 선이 깨지면 무조건 퇴각한다"라는 규칙을 차트에 각인시켜라.
- 청산가를 실시간으로 표시하는 '예상 청산가 창'도 분할 화면에 고정하여라.

시간의 층위: 멀티 타임프레임의 지혜

한 화면에 3개의 타임프레임을 동시에 배치하라.

- 일봉(장기 추세): 숲을 보는 눈
- 4시간봉(중기 흐름): 나무를 보는 눈
- 30분봉(단기 진입 시점): 잎새를 보는 눈

각 창을 가로로 배열하면, 고래가 바다 깊이에서 수면까지 헤엄치는 궤적을 읽듯이 시장의 움직임이 선명해진다.

공간의 미학: 여백이 차트를 완성

HTS 화면의 20%는 반드시 비워 둬라.

- 오른쪽에 뉴스 알림 창을 작게 배치해 경제 지표 발표 시간을 점검하라.
- 왼쪽에는 메모장을 띄워 "지금의 감정"을 매시간 기록하라.
- "화면이 꽉 차면 마음도 조급해진다"라는 것을 명심하라.

5.2 차트는 거울이다!

당신이 차트에 담은 요소들은 투자 철학의 초상이다. 복잡함을 추구하는 자는 혼란을, 간결함을 선택한 자는 집중력을 얻는다. 홈트레이딩시스템(HTS)이라는 작은 캔버스에 삶의 방식을 투영하라. 진정 필요한 것만 남겼을 때, 비로소 시장의 속삭임이 들리기 시작할 것이다.

차트는 매일 거래하면서 늘 함께하는 소중한 매매의 동반자이다. 차트를 정확히 이해하고 충분한 활용 능력을 갖춘다는 것은 선물 거래에서 필수적인 요건이라고 거듭 강조한다. 그래서 증권사에서 제공해 주는 기본 차트를 단순히 사용하지 말고, 자신이 선호하는 차트로 만들어 본다면 훨씬 매매에 도움이 된다.

창의 개수라든지 선호하는 색이라든지 간에 언제나 바로 보아도 한눈에 모든 정보를 쉽게 이해할 수 있도록 만들어야 한다. 선물 차트에서 창은 몇 개 정도가 적당할지는 자신의 투자 성향과 선호도에 따

라 다르다. 일반적으로, 추세를 파악하기 위해서는 장기적인 관점에서 차트를 보는 것이 중요하므로 장기적인 차트를 보여 주는 창을 사용하는 것이 좋다. 반면에, 단기적인 거래의 경우에는 단기적인 차트를 보여 주는 창을 사용하는 것이 좋다. 추가로, 차트를 분석할 때는 여러 가지 지표를 함께 사용하는 것이 좋다. 지표를 사용하면 가격의 움직임, 거래량, 추세의 방향 등을 더 정확하게 파악할 수 있다.

틱 차트와 봉 차트는 모두 가격의 움직임을 보여 주는 차트이지만, 차이점이 있다. 틱 차트는 매매 체결이 이루어진 시점마다 데이터를 기록하는 차트이고, 봉 차트는 일정 시간 동안 가격의 움직임을 보여 주는 차트이다. 따라서, 틱 차트는 봉 차트보다 더 많은 데이터를 제공하고, 가격의 움직임을 더 자세하게 볼 수 있다.

틱 차트는 단기적인 매매에 적합하고, 봉 차트는 장기적인 매매에 적합하다. 봉 차트는 가격의 움직임을 더 넓은 시야에서 볼 수 있으므로, 장기적인 매매를 할 때는 봉 차트를 사용하는 것이 좋다. 따라서, 자신의 투자 성향과 선호도에 맞는 차트를 선택하는 것이 중요하지만 틱 차트와 봉 차트를 같이 활용한다면 더 세심한 매매를 할 수 있다.

최적화된 선물 거래 차트 구성

✤ 메인 캔들 스틱 차트

- 3분봉 또는 5분봉 사용(단기 트레이딩에 적합)
- 볼린저 밴드 (20일, 2표준편차) 적용
- 이동평균선: 10 EMA(지수이동평균), 20 EMA, 50 SMA(단순이동평균) 추가

❖ 보조 지표 패널

- RSI : 과매수/과매도 판단
- 이동평균수렴발산(MACD 12, 26, 9): 추세 강도와 방향 확인
- 거래량: 막대그래프와 함께 20일 이동평균선 추가

❖ 시장 심리 지표

- 풋콜비율(Put/Call Ratio, PCR): 시장 전반의 공포/탐욕 수준 파악, PCR은 1.0 보다 크고 작을 때를 기준으로 상승 및 하락압력 여부를 나타냄
- VIX(Volatility Index) 지수: VIX가 크면 시장의 불확실성과 변동성이 크다는 의미

❖ 주문흐름 분석

- 수평 거래량 프로필: 주요 지지/저항 레벨 식별
- 깊이 차트(Depth Chart): 실시간 매수/매도 압력 확인

❖ 다중 시간프레임 분석

- 메인 차트 우측 상단에 일봉 미니 차트 추가: 더 큰 그림 파악

❖ 알림 설정

- 주요 기술적 레벨에 도달 시 알림 기능 활성화

❖ 실시간 뉴스 피드

- 차트 하단에 관련 상품 및 시장 뉴스 스트리밍

이러한 구성을 통해 가격 행동, 추세, 모멘텀, 변동성, 시장 심리, 거래량 등 다양한 측면을 동시에 분석할 수 있다. 실시간 데이터와 다양한 시간프레임을 결합하여 더 정확한 진입, 청산 포인트를 찾을 수 있다. 주의할 점은 너무 많은 정보로 차트가 복잡해지지 않도록 하는 것이다. 각 요소의 중요성을 평가하고, 자신의 거래 스타일에 맞게 지속해서 최적화해 나가는 것이 중요하다.

보조지표 활용 시, 기간 설정은 임의의 값이다. 물론 역사적으로 내려온 기준점으로 인식되지만, 트레이더의 성향에 따라 기간 설정을 조정해야 한다. 예를 들면, 단기매매를 좋아하는 트레이더라면 기간 설정 시 방향성이동지표(Directional Movement Index, DMI) 기간을 14에서 9로 조정하거나 중장기 매매를 선호하는 트레이더라면 그 기간을 25나 40 이상으로 조정해서 이용할 수 있다.

나스닥 선물 1시간 차트와 DMI 지표

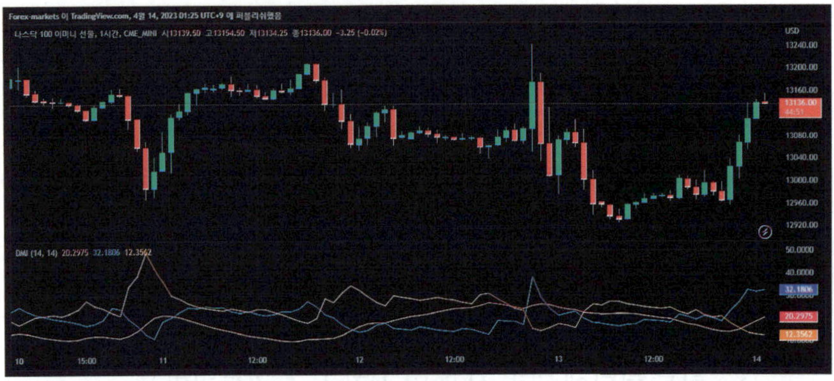

따라서 모든 지표는 자신의 거래 성향에 따라 수정하여 자신만의 참고 자료를 쓸 수 있어야 하고 이럴 때 반드시 충분한 백테스팅을 거쳐야 한다.

마지막으로 차트 분석은 도구일 뿐이며, 성공적인 거래를 위해서는 철저한 리스크 관리와 심리적 통제가 필수적임을 다시 한번 강조한다.

5.3 차트의 작은 이해

차트에서 표시되는 봉을 왜 '캔들'이라고 하나?

일본의 에도시대(江戸時代, Edo Jidai)에 소위 '거래의 신'이라 불렸던 혼마 무네히사(本間宗久; 1717~1803)가 하루에 판매되는 쌀의 매매가 변동을 양초 모양으로 표현한 것에서 유래한다. 이 방법은 나중에 서양으로 전해져서 지금은 전 세계의 주식, 코인, 외환 시장 등에서 널리 쓰이고 있다. 캔들(Candle)은 특정 시간 동안의 가격 움직임을 그림으로 나타낸 것이다.

예를 들어, 하루 동안 주식 가격이 어떻게 변했는지를 하나의 캔들로 보여 준다. 캔들은 몸통과 꼬리로 이루어져 있다. 몸통은 캔들의 두꺼운 부분으로 이 부분은 그 시간 동안의 시작 가격(시가)과 마감 가격(종가)을 나타낸다. 만약 마감 가격이 시작 가격보다 높으면, 캔들은 보통 초록색이나 흰색으로 표시되고, 반대로 마감 가격이 시작 가격보다 낮으면, 캔들은 빨간색이나 검은색으로 표시된다.

꼬리는 캔들 위아래로 뾰족하게 나온 선을 말한다. 이 부분은 그 시간 동안의 최고가와 최저가를 나타낸다. 위로 뻗은 꼬리는 최고가를, 아래로 뻗은 꼬리는 최저가를 의미한다. 캔들은 시장 상황에 따라 다양한 모양으로 나타나는데 몇 가지 대표적인 캔들 모양을 살펴보자.

✣ 양봉 (초록색/흰색 캔들)

- 마감 가격이 시작 가격보다 높음
- 가격이 올랐다는 뜻
- 몸통이 길수록 가격이 많이 올랐다는 의미

양봉 – 초록색(흰색) 캔들

✣ 음봉 (빨간색/검은색 캔들)

- 마감 가격이 시작 가격보다 낮음
- 가격이 내려갔다는 뜻
- 몸통이 길수록 가격이 많이 내려갔다는 의미

음봉 – 빨간색(검은색) 캔들

도지(Doji)

- 시작 가격과 마감 가격이 거의 같음
- 몸통이 매우 짧거나 없고, 꼬리만 길게 나옴
- 시장이 어느 방향으로 갈지 모르는 불확실한 상태를 나타냄

도지 패턴

망치형(Hammer)

- 아래로 긴 꼬리가 있고, 몸통은 작음
- 가격이 한 번 크게 떨어졌다가 다시 올라온 것을 의미함
- 하락추세가 끝나고 상승할 가능성이 있음

망치형 패턴

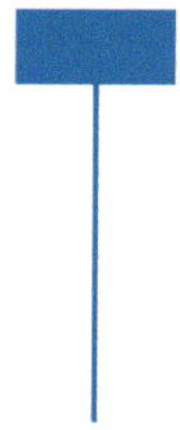

✤ 역망치형(Inverted Hammer)

- 망치형과 반대 모양으로 생겼지만, 상승, 하락추세 중에 나타남
- 가격이 한 번 크게 올랐다가 다시 떨어졌다는 뜻
- 상승추세가 끝나고 하락할 가능성이 있음

역망치형 패턴

캔들 차트는 주로 주식이나 코인을 거래하는 사람들이 시장의 흐름을 예측하는 데 사용하는데 예를 들어 보겠다.

✔ 추세 분석

연속으로 초록색 캔들이 나타나면 가격이 계속 오를 가능성이 크고, 반대로 빨간색 캔들이 계속 나오면 가격이 계속 내려갈 가능성이 큼

✔ 반전 신호

망치형이나 도지 같은 특별한 캔들이 나타나면 가격이 반대 방향으로 움직일 가능성이 있음

✔ 심리 분석

캔들의 길이와 모양을 보면 시장 참여자들이 어떤 생각을 하고 있는지 알 수 있음. 예를 들어, 몸통이 매우 긴 초록색 캔들은 사람들이 그 주식을 많이 사려고 한다는 뜻임

정리하자면 캔들 차트는 시장의 가격 움직임을 쉽게 이해할 수 있게 해주는 도구이다. 몸통과 꼬리를 통해 시작 가격, 마감 가격, 최고가, 최저가 등을 한눈에 볼 수 있어서 트레이더들이 가격의 추세를 파악하고, 매매 타이밍을 결정하는 데 도움이 된다.

왜 한국과 미국 차트에서 캔들 색이 반대인가?

차트에서 상승을 표시하는 양봉을 한국에서는 빨강으로, 하락을 표시하는 음봉을 파랑(녹색)으로 표시하는 데 반해 미국 차트의 캔들은 정반대인 경우가 있다. 이것은 큰 의미는 없으나 문화적 차이라고 볼 수 있다. 서양에서 빨강의 의미는 위험과 주의를 표시할 때 주로 사용된

다. 신호등의 빨간 불은 멈추라는 지시로 사용되는 것과 비슷하다.

녹색이나 파란색은 안전과 기회를 의미하는 것으로 사용된다. 따라서 상승 시 주로 주가의 안전과 기회를 의미하여 녹색이나 파란색으로 표시하며, 반대로 하락 시 주가의 위험과 주의를 빨간색으로 표시하는 경향이 있기 때문이다.

그러나 동양적 사고에서는 빨간색은 양의 기운을, 파란색은 음의 기운을 나타내는 이유로 상승을 적색, 하락을 청색이나 흑색으로 표현하다 보니 그런 차이를 보이는 것이다. 캔들 색은 자신의 차트를 만들 때 증권사에서 제공하는 차트 환경 설정에서 선호하는 색으로 바꿀 수 있다. 단지 상승과 하락을 구분하는 것으로 색을 이용한다고 생각하면 아무런 문제가 되지 않는다.

6

보조지표 이해와 활용

증권사에서 제공하는 보조지표는 독일까? 약일까? 꽃가루를 정제하여 화분(花粉)을 만들어 먹으면 면역력에 좋다고 하나 알레르기가 있는 사람에게는 사망까지 이르게 할 수도 있다. 바로 보조지표는 이런 비유처럼 두 얼굴을 하고 있다. 보조지표는 거의 후행성이기 때문에 이미 지나간 자료일 뿐 지금의 매매를 결정짓는 직접적인 자료는 아니다.

그런데 이러한 보조지표는 차트의 과거가 기록되어 있으므로 향후 차트의 방향을 예측하는 데 많은 도움을 준다. 이렇게 중요한 지표가 독이 되는 경우는 트레이더들이 이것을 너무 과신할 때 생긴다. 항상 트레이더는 보조지표를 이용할 때 늘 의심하여야 한다. 세력들은 바로 이러한 보조지표를 활용하여 속임수를 전개하기 때문이다. 따라서 자신이 선호하는 보조지표가 있다면 이를 활용하여 매매할 때마다 항상 손절과 스위칭 기법을 적절히 활용하여야 한다.

선물 보조지표는 선물 시장에서 형성되는 가격의 추세와 과매수 과매도 상태를 파악하기 위해 사용되는 지표이다. 선물 보조지표는 크게 추세지표, 모멘텀지표, 변동성지표, 시장강도지표, 가격지표, 거래량지표 등으로 나누어 볼 수 있다. 추세지표는 활동의 추세를 파악하는 데 사용되는 지표이다. 추세지표는 미래의 움직임을 분석하여 현재 추세를 제한하거나 전환 가능성을 예측하는 데 도움이 된다. 보조지표를 다양하게 공부하는 것도 좋지만 실전에서는 최소로 사용하는 것이 좋다. 백테스트를 하다 보면 자신의 트레이딩 성향과 잘 맞는

보조지표를 찾아낼 수도 있다. 이 책에서는 그중에서 초보 트레이더들이 반드시 알고 가야 할 대표적인 지표 몇 가지를 소개하고자 한다.

6.1 이동평균선: 시장의 숨결을 읽는 법

“투자란 바다의 파도를 관찰하는 것과 같다. 이동평균선(Moving Average Line)은 파도 위에 떠 있는 등대처럼, 과거의 흐름을 밝혀 준다.” 어제와 오늘의 파도가 만나는 지점을 이동평균선이라고 생각해 보자. 5일 이동평균선은 막 내려친 신선한 파도이고, 20일선은 해변을 반복해 적시는 조류이다. 이 두 선이 서로 교차할 때, 마치 파도가 모래 위에 새로운 그림을 그리듯 시장의 분위기가 바뀐다. 골든크로스(Golden Cross)는 아침 해가 수평선을 뚫고 올라오는 순간처럼 따뜻한 기대감을, 데드크로스(Dead Cross)는 석양이 지는 듯한 아쉬움을 느끼게 한다. 창문을 열어 가을바람을 들이마시듯 상상해 보자. 이동평균선은 시장이 숨 쉬는 리듬이다. 단순히 숫자를 외우기보다, 그 숨소리에 귀 기울여 보자.

새벽 제습기에 맺힌 이슬처럼 투명한 차트 창을 열었을 때, 나는 처음으로 이동평균선이라는 이름의 등뼈를 발견했다. 5일선은 메밀

꽃 줄기처럼 가녀렸고, 100일선은 오래된 은행나무 몸통처럼 우직했다. 그들이 교차하는 순간, 봄눈 녹은 계곡물이 바위를 뚫고 내려오는 소리—사람들은 그걸 골든크로스라 부르곤 한다.

많은 이들은 가녀린 5일선과 10일선을 좋아한다. 그것들은 가볍고 다루기 쉬울 뿐 아니라 매매의 신호를 자주 전해 주기 때문이다. 그러나 너무 바쁜 거래를 자주 하다 보면 일찍 지쳐 버린다. 긴 이동평균선으로 진득한 거래를 하자. 잠시 답답할지 모르겠지만 오랫동안 멋진 트레이딩을 할 수 있다. 가능한 긴 선을 돌봐야 한다.

10일의 이동평균선과 60일이 이동평균선의 만남은 이별을 고하게 된다. 동행하던 두 선이 교차하여 멀어진다면 긴장해서 변화를 준비해야 한다. 이상하게도 이동평균선은 긴장하고 있는 트레이더들에

게 가끔 착시를 주기도 한다. 분명히 20일 이동평균선이 하강하고 있는데, 가격은 올라간다. 그것은 착시가 되어 안정된 매매를 못 하게 하는 심술쟁이처럼 군다. 그래서 이럴 때는 안경을 써보는 것이다. 이격도(disparity)[14]라는 보조 안경은 이러한 착시를 잡아 준다. 20일 이동평균선을 차트에 올려놓고 이용한다면 아래에 이격도 보조지표를 살며시 띄워 보자. 그럼 20일 이동평균선이 100이라는 기준선 위에 있는지 아래에 있는지 알 수 있을 것이다. 이격도를 활용하는 것은 선택이 아니라 필수가 된다.

하지만 이 경우에도 이격도 사용법을 제대로 배우지 않으면 총구를 자신에게 겨눌 수도 있다는 점을 명심하고 초보 트레이더는 반드시 이격도 사용법을 충분히 익혀야 한다. 능수능란한 능력자라면 이런 것이 필요 없겠지만, 초행길을 떠나는 초보 트레이더들은 반드시 이동평균선으로 매매 할 때, 이격도를 내비게이션처럼 동행해야만 한다.

14 이격도란 현재 가격이 이동평균선에서 얼마나 떨어져 있는지를 백분율로 표현한 것임. 과열 구간과 침체 구간 진단에 강력한 자료로 활용됨.

6.2 상대강도지수: 시장의 심장 소리

상대강도지수(Relative Strength Index, RSI)는 피아노 위에 있는 메트로놈을 상상해 보자. 이 작은 기계가 박자를 맞추듯, RSI는 시장의 심장 박동을 0에서 100 사이로 나타낸다. 70을 넘으면 숨이 가빠질 때까지 뛰어다닌 아이처럼, 30 아래로 내려가면 지친 나무처럼 휘청이는 순간에 다다른다. 그러나 이런 심장의 박동도 RSI 지표에는 무언가 숨겨져 있는 신음이 있다. 그것이 바로 '다이버전스(Divergence)'라고 하는 비밀이 숨겨져 있다. 마치 계곡에서 메아리가 본래 소리보다 늦게 도착하듯, 가격과 RSI가 서로 다른 얘기를 할 때가 있다. 그때가 바로 시장이 속삭이는 비밀을 들을 수 있는 순간이 된다. 이때는 불규칙한 심장의 고동 소리가 왜 나고 있는지를 반드시 살펴보라는 암시이다.

RSI 지표는 상승하고 있는데 가격이 내려가고 있다면 믿을 만한 다른 지표들을 점검해서 그 사연을 알아내야 한다. 이런 경우, 평균방향성지수(ADX)와 볼린저밴드폭지표(BWI)를 주목해 보자. 가격이 잠

깐 하락할 때, ADX가 추세를 꺾지 않고 BWI도 꺾이지 않았다면 무언가 사연이 있는 것이다. 그래서 바로 매도를 잠시 기다려 봐야 한다. RSI 지표는 내 손목시계 속 초침이 되었다. 70을 넘을 때마다 할머니의 누룽지 냄비에서 퐁퐁 끓는 소리가 나고, 30 아래로 가라앉으면 겨울 연못 속 잉어가 숨죽이는 소리가 들리는 것이다. 그런데 가끔 차트의 산봉우리와 RSI의 계곡이 서로 등을 돌릴 때가 있다. '다이버전스'—그 순간 나뭇잎 사이로 스며드는 빛줄기를 따라가야 한다. 즉, RSI가 70을 돌파하여 하강한다면, 가던 길을 멈추어 일단 관망해야 한다. 바로 이 신호는 할머니가 끓여 주던 냄비 속 누룽지가 잘 익었다는 것이어서 가던 길을 멈추지 않는다면 누룽지는 새까맣게 타서 냄비에 달라붙어 버리고 말 것이다.

6.3 이동평균수렴발산: 두 개의 태양

단기와 장기 이동평균선은 하늘의 두 태양과 같다. 12일과 26일이라는 주기가 서로를 밀고 당기며 그림자를 만든다. MACD(Moving Average Convergence Divergence) 히스토그램은 이 그림자의 길이가 된다. 두 태양이 나란할 때는 밝은 한낮처럼 추세가 뚜렷하지만, 서로 멀어지면 저물녘의 긴 그림자처럼 불확실성이 자라난다.

MACD 선: 두 태양의 심장 소리

단기(12일)와 장기(26일) 이동평균선은 마치 두 개의 시계처럼 서로 다른 속도로 움직이며 시장의 리듬을 만들어낸다. 이 둘의 차이를 계산한 것이 바로 MACD선이다. 그리고 이 MACD선과 9일간의 평균인 시그널선이 만나거나 멀어질 때, 시장은 마치 숨을 들이쉬거나 내쉬는 듯한 움직임을 보인다. MACD 히스토그램은 이 두 선 사이의 거리, 즉

‘맥박의 세기’를 나타낸다. 히스토그램이 커질수록 시장의 방향성은 강해지고, 작아질수록 혼란과 불확실성이 짙어진다. 이 선들이 교차하는 순간은 마치 해가 수평선 위로 떠오르거나 질 때처럼 중요한 신호다. MACD선이 시그널선을 위로 뚫고 올라가면 이는 상승의 첫숨과 같다.

반대로 아래로 꺾이면, 하락의 긴 한숨이 시작된다는 뜻이다.

MACD는 단순한 선 두 개의 교차가 아니다. 이는 시장의 흐름, 강도, 타이밍을 감지하게 해주는 리듬 있는 심장박동이다. 숙련된 트레이더는 이 맥박을 듣고, 그 리듬에 맞춰 다음 움직임을 준비한다. 시장의 호흡을 읽는 자만이 그 중심에서 흔들리지 않는다.

히스토그램: 우주 공간의 떨림

두 태양의 거리가 멀어질수록 히스토그램의 막대는 길어진다. 이는 단순한 "그림자"가 아니라, 에너지의 충전과 방출을 측정하는 척도가 된다. 히스토그램이 커지면 우주의 중력처럼 추세가 가속화되고, 0선을 향해 수축하면 역풍이 시작될 신호이다. 마치 블랙홀 사건의 지평선처럼, 히스토그램의 전환점은 시장 질서가 변곡되는 순간을 포착한다. MACD의 0선은 60일 선의 갈림길이다. 60일 선은 주식은 물론 선물 거래 시에도 생명선과 같이 중요하다. 긴장된 매매를 하고 있다면, 편하게 MACD의 0선에 길잡이로 의지해 보길 바란다.

시그널 선(9일): 천체의 예언

9일 시그널 선은 두 태양의 궤적을 다듬어 예측이 가능한 신호로 변환한다. MACD 선과의 교차는 천체들이 일제히 정렬하는 순간과 같다고 할 것이다. 이때 트레이더는 "우주 시계의 침소리"에 귀 기울여야 한다. 일몰 직전의 빛줄기는 아름다우나 순식간 사라지듯, 이 신호는 시장의 감정이 극점에서 반전될 조짐을 알린다.

시그널 선은 단단한 버팀목으로 작동하며 MACD선의 변곡으로 인한 MACD선과 시그널 선이 좁아질 때 매수와 매도를 결정해야 할 시간으로 트레이더에게 신호를 속삭인다.

철학적 통찰: 시간 계층의 투영

MACD는 12, 26, 9일이라는 세 시간 계층이 중첩된 프랙털(Fractal) 구조이다. 단기적 충동(12일), 중기적 흐름(26일), 신호의 정제(9일)가 삼중주를 이루며, 이는 인간 심리의 조바심·인내·확신이 만들어내는 리듬과 닮았다. 태양들이 만들어내는 그림자는 결국 트레이더 자신의 인내심과 욕망이 투영된 결과이자, 시장이라는 거대한 생명체의 호흡을 가시화한 지표이다. 따라서 MACD를 볼 때는 단순한 기술적 분석을 넘어, "시간을 관통하는 시장의 서사시"를 읽어야 한다. 두 태양의 춤사위가 남기는 흔적에서, 가격 움직임의 본질을 발견하는 것이 진정한 활용법이다.

6.4 볼린저 밴드: 폭풍의 눈으로 바라본 시장의 호흡

시장의 호흡

볼린저 밴드 지표는 시장의 기압을 재는 장치와 같다. 중앙선은 평균 기압, 상·하단 밴드는 기압의 변동 폭을 나타낸다. 밴드가 좁아지면 마른하늘에 번개 치듯 갑작스러운 움직임이 예상되고, 넓어지면 바람이 잔잔해지며 잠시 숨을 고르는 시간이 찾아오리라 생각하면 된다. 가격이 상단 밴드를 스치면 마치 구름이 산꼭대기에 걸린 것처럼 위험해 보인다. 하지만 실제로는 그 구름이 비를 내릴지, 그냥 지나갈지는 RSI라는 바람의 방향과 함께 고려해야 진짜 예측이 된다.

볼린저 밴드는 단순한 "기압계"가 아니라, 시장의 숨겨진 에너지 필드를 측정하는 기후 관측소이다. 20일 이동평균선(중앙선), 상단/하단 밴드(표준편차 범위), 그리고 이들이 만들어내는 "대기권"이 상호작용하는 방식을 통해 변동성의 본질을 읽어낸다. 중앙선(20일 이동평

균)은 기후 패턴의 중심축으로서 지역의 평년 기온처럼 시장의 평균적 체감 온도를 측정한다. 최근 20일 동안의 평균 가격(기준선)은 추세의 방향성을 판단하는 균형점이다. 가격이 중앙선 위에 머무르면 낮 기온이 평년보다 높은 것처럼 강세, 그 아래이면 약세 신호로 해석된다.

상단/하단 밴드(±2σ 표준편차)는 대기권의 경계라고 볼 수 있다. 마치 고기압과 저기압이 만드는 기단 경계라고나 할까? 표준편차(σ)는 가격의 변동성을 수치화한 것이다. 밴드 폭이 넓을수록 시장이 "폭풍우 예보" 상태(변동성 확대), 좁을수록 "무더위 속 잠잠함"(변동성 축소)을 의미한다. ±2σ(95% 신뢰구간)은 통계적으로 가격이 이 밴드 안에 머무를 확률이 95%라는 의미하며, 밴드를 벗어나는 것은 극단적인 기상 이변과 같다는 의미이다. 밴드가 수축 또는 확장되는 것은 마치 폭풍전야의 태풍의 눈과 같다.

밴드 수축(좁아짐)이 이루어지면 적도 무풍대처럼 바람 한 점 없는 정적이 지속되는데, 이는 낙뢰 발생 직전의 징후와 같다고 할 것이다. 즉, 변동성이 최소화 상태이고 과거 데이터상 이때 급등락 가능성 72% 이상이었다(스퀴즈 발생). 이럴 때 트레이더는 폭풍을 대비해 레이더를 집중시켜야 한다.

밴드 확장(넓어짐)이 시작되면 태풍이 한창 세력을 떨치는 순간이 된다. 변동성 극대화 상태에서 가격이 상단 밴드를 뚫으면 "과열", 하단 밴드를 깨면 "한파"로 판단하여 평균회귀(Mean Reversion, MR) 전략이 활발히 사용된다. MR은 볼린저 밴드의 상단과 하단 대비 종가 비율을 의미하는 %B(퍼센트 비)는 현재 기상 관측 리포트이다. 구하는 식은 [(현재 가격 - 하단 밴드) ÷ (상단 밴드 - 하단 밴드)]로 이루어지는데, 오늘의 구름 위치가 전체 하늘에서 차지하는 좌표를 의미한다.

실제 활용 시에는 %B > 1일 때 "상단 밴드 돌파"가 이루어진다면 고공비행 경고라 보아야 한다. 반대로 %B < 0일 때 “하단 밴드 붕괴”가 되면 지반 침하 경고로 인식해야 한다. 0.5인 상태에서 중앙선과 일치하여 머물면 날씨가 변동성 없이 안정되었다고 생각하면 된다. 볼린저 밴드는 순간의 가격 움직임을 분석하는 도구가 아니라, 시장이 내뿜는 생체 신호를 포착하는 청진기이다. 밴드의 수축과 확장은 인간 군중의 불안과 탐욕이 만들어내는 리듬이자, 가격이라는 거대한 파도의 조수 간만을 예측하는 항해사의 나침반이라 할 수 있다. 따라서 볼린저 밴드를 볼 때는 “바로 이 순간”의 데이터를 넘어, 시장이 다음에 내뿜을 숨소리의 깊이를 예측해야 한다. 폭풍이 오기 전 가장 고요한 것처럼, 변동성은 언제나 극단에서 새로운 극단을 준비한다는 사실을 인지해야 한다.

하지만 볼린저 밴드의 폭은 시야를 왜곡시킬 수 있다. 과연 지금이 넓어지는 상태인지, 수축하는 상태인지가 선 듯 판단이 서지 않을 때가 있다. 이때에는 마치 돋보기를 쓰듯 선명히 볼 수 있는 방법이 있다. 그것이 볼린저밴드폭지표(BWI)이다. 이것은 볼린저의 폭을 수치화하여 선이나 막대로 표시하여 주기 때문에 직관화 할 수 있다. 폭풍이 불어올지, 잔잔한 미풍이 불지 이 지표를 함께 보면서 항해에 사용하라!

6.5 스토캐스틱: 시곗바늘과 계절의 변화

스토캐스틱(Stochastic) 지표는 잠깐 산책하러 나왔다가 바람과 구름과 하늘을 느껴보는 순간이다. 물론 단기적인 변화를 나타내지만, 변화를 직관적으로 보여 주기 때문에 다소 민감할 수 있다. 스토캐스틱에서 %K는 당일 종가와 최근 N일 간의 최저가의 차이를 최근 N일 간의 최고가와 최저가의 차로 나눈 백분율 값이다. 따라서 이 값은 0%와 100% 사이를 움직이는데, 100%라는 것은 현재 가격이 N일 동안 최고가와 같아 매수세가 강하다는 것을 의미하며, 반대로 0%인 경우는 최저가와 같아 매도세가 강하다는 것을 의미한다.

%D는 %K의 M일 간의 이동평균을 계산한 값으로, M일 간의 %K의 총합을 M으로 나눈 값이다. %D는 평균값이기 때문에 %K 보다 움직임이 느린 성질이 있다. 따라서 %K는 오늘의 기온, %D는 일주일 간 평균 기온처럼 생각하면 된다. 봄에 싹트는 신호(%K가 %D

를 상승하여 돌파)를 놓치지 말아야 하며, 한여름의 무더위(%K가 80 이상)에는 그늘이 필요하다.

단기적인 날씨 변화에 일희일비하지 말아야 한다. 스토캐스틱의 %K와 %D는 모래시계 속에 흐르는 모래알 같다. 80% 선은 모래 언덕의 정상이었고, 20% 선은 바닷가 조수 간만의 경계였다. 두 선이 교차할 때마다 파도가 모래성에 새긴 그림을 바꾸었다. 스토캐스틱은 과매수, 과매도 구간에서 짧은 구간의 변화에 서 있을 때, 진입할 타이밍을 도와주는 도구이지 결코 추세를 말해주는 지표는 아니다. 마치 밤바람에 모래 언덕이 만들어졌다 사라지는 하룻밤의 변화로 볼 수 있다. 그러나 매매할 때, 현재의 캔들이 어느 상태에서 바람을 맞이할지 보여주는 귀찮은 정도로 친절한 이웃이기에 함께 하면 많은 도움이 될 것이다. 그러므로 스토캐스틱은 단기 진입 결정에 도움을 주지만 결코 홀로 설 수 없는 지표이다. MACD와 볼린저밴드 등을 함께 사용할 때 스토캐스틱은 좀더 안전하고 세밀한 정보를 전해 주는 도구이다.

예를 들어 MACD가 0선을 돌파하여 상승하고 있을 때는 스토캐스틱의 크로스 신호가 매수 익절 청산이나 추격 매수를 안전하게 알려준다. 물론 MACD가 0선을 돌파하여 하락추세일 경우에도 매도 익절 청산이나 추격 매도를 할 수 있게 진입 타점을 안내하는 친절한 도구로 활용할 수 있다.

6.6 일목균형표: 계절의 이야기

일목균형표

일목균형표(一目均衡表 Ichimoku Cloud)를 계절의 순환과 자연의 리듬에 비유하여 설명하고자 한다. 일목균형표는 말 그대로 한눈에 가격의 흐름을 과거에서 현재, 그리고 미래의 변화까지를 간편하게 볼 수 있는 보조지표의 꽃이라고 할 수 있겠다. 마치 산속에서 사계절을 관찰하는 자연 학자가 된 것처럼 차근차근 이야기를 풀어나가 보자.

봄: 전환선의 싹 트임

산기슭에 첫눈 녹은 물소리가 들리는 날, 전환선(轉換線 Conversion Line)은 얼음 밑에서 움트는 풀잎처럼 단기 시장의 생명력을 보여 준다. 이 9일간의 평균 가격선은 마치 개구리가 겨울잠에서 깨어나 흙을

뚫고 나오듯, 가격의 갑작스러운 움직임을 보여 준다. "전환선이 기준선(基準線 Base Line)을 뚫고 올라갈 때"는 마치 산벚꽃이 한꺼번에 피어나는 것처럼 강한 상승 신호가 된다. 하지만 아직 산꼭대기에는 잔설이 있듯, 이때는 조심스럽게 관찰해야 한다.

여름: 기준선의 안정된 숨결

계곡의 물이 제 흐름을 찾아가는 6월, 기준선(基準線)은 26일간의 평균 가격으로 중장기 추세를 말해준다. 마치 백 년 넘은 느티나무가 바람에 흔들리지 않듯, 이 선은 시장의 근본적인 흐름을 나타낸다. 여름 장마철에 기준선이 수평을 유지한다면, 이는 마치 무더위 속에서도 꿋꿋이 자라는 녹두잎처럼 시장이 안정기에 들어섰다는 신호이다. 전환선이 이 기준선 위에서 춤출 때야말로 진짜 여름이 시작된 것이다. 전환선과 기준선은 계절이 주는 작은 변화이다.

전환선과 기준선이 멀리 떨어져 있다면, 그것은 이별의 고통과 같은 것이다. 잠시 매매를 멈추고 그들의 재회가 이루어질 때까지 기다려야 한다. 전환선의 기준선에 대한 그리움은 절대 멀리 가지 않는다. 기준선은 떠나버린 사랑을 그리워하고, 전환선은 애타게 기다리는 기준선에서 멀리 떨어질수록 급히 뒤돌아가려고 한다. 전환선과 기준선이 서로 만나 밀착하여 함께 이동한다면 하늘을 날아가는 종달새처럼 즐겁게 상승과 하락을 격하게 이루게 된다. 바로 이때가 함께 즐거운 마음으로 매매를 과감히 시작하는 적기가 되는 것이다.

가을: 후행스팬의 낙엽 같은 지혜

단풍잎이 공중에서 빙글빙글 도는 9월, 후행스팬(Lagging Span)은 26일 전의 가격을 현재 차트에 비춘다. 마치 떨어진 낙엽이 땅속에서 내년 봄을 준비하듯, 과거의 데이터가 미래를 예측하는 열쇠가 된다. 가을 햇살에 후행스팬이 현재 가격 위에 떠 있으면, 이는 마치 도토리가 땅속에서 알맹이를 키우듯 강한 지지선 역할을 한다. 하지만 후행

스팬 아래로 가격이 가라앉는다면, 겨울을 대비해 동굴로 들어가는 다람쥐처럼 조심해야 할 때이다. 매도를 기다리는 이들에게는 긴장해서 준비하고 있어야 한다.

2024년 노벨 문학상을 받은 한강 작가는 수상 소감문에서 "죽은

자가 산 자를 살리고 과거의 기억이 현재에 영향을 미친다"라고 이야기했는데 후행스팬을 이해하는 데 많은 도움이 될 것이다. 후행스팬이 볼린저 밴드의 상, 하단을 돌파하거나 10일 혹은 60일 이동평균선을 돌파할 때, 바로 계절이 바뀌는 신호란 것을 피부로 느끼게 된다. 이 돌파 순간을 매매 꾼들은 긴장 속에 예의주시해야 한다. 이 신호가 진정 옷을 바꾸어 입어야 할 때인지, 아니면 잠깐 변화를 시샘하는 계절의 속임수인지 알아차리기 위해서다.

어쨌든 후행스팬의 돌파는 매매 꾼들에게는 진입을 결정해야 하는 분명한 신호라는 것이다. 후행스팬이 볼린저 밴드의 상, 하단이나 이동평균선을 돌파할 때까지는 바로 일목균형표가 주는 시간의 기다림을 보여 주는 것이다. 급히 서둘지 말고 후행 스팬이 이들과 만날 때까지 그리움을 벗 삼아 기다려야 한다. 이것이 바로 '시간가치'인 것이다.

겨울: 두 선행 스팬의 예지력

첫서리가 내리는 아침, 구름 위와 아래에 선으로 연결된 두 개의 선행스팬(Leading Span)은 26일 후의 예상되는 구름 형태로 보여 준다. 이는 마치 눈 속에서 봄꽃의 위치를 예측하는 것처럼 신비로운 예측 도구이다. 두꺼운 구름(저항 구름)이 형성되면 마치 눈보라 치는 산길처럼 진입을 자제해야 하나, 구름이 옅어지고 선행스팬 상단이 올라간다면 이는 봄을 알리는 눈 속에서 피어나는 설강화 같은 강한 매수 신호이다.

두꺼운 구름이 형성되었다면 매수와 매도에 참여하는 이들이 출, 퇴근 시간 러시아워(Rush Hour)를 이루는 것처럼 길이 뚫리는 시간까지 막힌다는 것이고 구름이 얇게 바뀐다면 이제 정체가 해소되고 길이 뻥 뚫리는 시간이므로 정신을 바짝 차리고 새로운 변화를 준비해야 한다. 현재의 캔들과 26일 후의 캔들은 시간과 공간은 떨어져 있으나 운명을 함께 하는 공동체이다. 만약 선행스팬 1과 선행스팬 2가 멀리 떨어져 있다가 두꺼웠던 구름이 얇게 변하고 함께 밀착하여 같은 방향으로 이동한다면 이젠 뻥 뚫린 고속도로에서 멋지게 질주하는 시간이다. 둘 중 어느 한 선이 멈추어 설 때까지는 절대 브레이크를 잡지 말고 맘대로 가속 페달을 밟아 보라. 만약 질주하다 동행하던 기준선도 서 버리고 후행스팬 2도 서 버린다면, 무조건 정지해야 한다. 무언가 앞에 사고가 발생한 것이다. 잠시 차에서 내려 주위를 살펴보고 두 선이 같이 이동할 때 비로소 시동을 켜야만 한다.

사계절을 관통하는 구름대

구름대(雲帶)는 일목균형표의 핵심으로, 선행스팬 간의 영역을 채색한다. 봄에는 연녹색 구름이 새싹을 보호하듯 지지대 역할을 하고, 가을에는 회색 구름이 낙엽을 가리듯 저항선이 된다. 겨울에 가격이 구

름 아래에서 맴돌 때는 마치 눈 덮인 호숫가에서 빙판이 갈라지는 소리를 듣듯 조용히 귀 기울여야 한다. 구름의 두께는 변동성의 강도를 말해주는데, 여름 태풍철의 검푸른 구름이 두껍게 깔리면 큰 움직임이 예상된다는 경고이다.

가끔 사람들은 욕심을 내기도 한다. 25일 후, 선행스팬은 검은 먹구름으로 덮여 있는데, 굳이 급히 길을 서두르는 사람들은 반드시 안전 장구를 지니고 출발해야 한다. 우산도 챙기고, 우비도 챙겨야 하고 심지어 비상식량마저도 챙겨야 한다. 굳이 이렇게 급히 떠나야 할까? 계절은 믿음을 저버리지 않고 반드시 때가 되면 바뀌는 것이다. 먹구름이 바뀌어 출발 신호를 줄 때 가벼운 옷차림으로 멋진 여행을 즐겨야 한다.

현재 나의 캔들이 검은 구름 아래에 있고 선행스팬의 구름도 검은 구름으로 서 있는데, 굳이 검은 구름을 뚫고 위로 가고 싶을까? 물론 위험을 감수하고 시도한다면 뜻밖의 횡재를 할 수도 있겠지만, 그것은 자일 없이 맨손으로 가파른 절벽을 올라가는 아주 위험한 일이 되는 것이다. 선물 거래는 계절의 흐름, 날씨의 변화와 함께 조화를 이룰 때 안전한 소풍이 되는 것이다.

시간의 법칙: 9·26·52의 비밀

일목균형표의 숫자(9·26·52)에는 자연의 리듬이 숨어 있다. 이는 마치 산짐승들이 겨울잠 자는 기간이나 철새의 이동 시기에 맞춰진 것처럼, 시장에도 보이지 않는 생물학적 주기가 존재함을 말해준다. 숫자 9는 완성, 극대화, 변화를 앞둔 순간을 뜻하는 숫자이다. 특히 동양에서는 홀수(양) 대 짝수(음) 개념이 중요한데, 9는 홀수 중에서도 가장 큰 숫

자이다. 역경(易經)에서 9는 '양(陽)의 극점'을 의미한다. 즉, 가장 강한 에너지가 모인 시점이자 새로운 변화가 일어나기 직전의 상태라는 것이다. 단기적으로 9는 "강한 에너지가 모였고, 변화가 임박한 순간"을 나타내므로 초보 트레이더들은 9라는 숫자와 친해야만 한다.

일목균형표에서 9일(전환선)은 단순한 평균선이 아니라, 시장 심리의 변화를 포착하는 숫자이기 때문에 트레이딩에서 단기 흐름을 분석할 때, 9일을 보면 "단기적인 시장 심리가 어떻게 변화하고 있는가?"를 알 수 있다. 9일 동안의 고점과 저점을 평균 내서 "현재 시장이 균형을 유지하고 있는가, 변화가 임박했는가?"를 보면서 9의 배수를 징검다리 삼아 차트를 유념해서 보아야 한다. 왜냐하면 계절의 변화를 온몸으로 느낄 수 있을 테니까 말이다.

26과 52도 잘 생각하면 이 징검다리를 의미함을 알 수 있다. 9가 배수로 중복되면 중복된 날을 빼주면 거의 정확히 9의 배수로 이루어진 징검다리를 보게 된다. 이게 단순한 이동평균선과 다른 점이다. 일반 이동평균선은 종가만 평균 내지만, 전환선(9일)은 시장의 고점과 저점을 기준으로 삼아, 실제 심리 변화를 더 정교하게 반영한다. 자연에서도 9는 변화와 주기의 완성을 의미하는 숫자이어서 숫자 9는 단순히 짧은 기간이 아니라, "하나의 사이클이 완성되고 새로운 흐름이 시작되는 숫자"라는 의미에서 재미있는 가설이 될 것이다.

트레이딩 전략에서 숫자 9를 활용한다면, 일목균형표에서 전환선(9일)을 활용하는 핵심은 다음과 같다.

- 전환선이 기준선을 상향 돌파하면, 단기적으로 상승 모멘텀
- 전환선이 기준선 아래로 내려가면, 단기적인 하락 모멘텀
- 전환선이 급격히 꺾일 때, 시장 심리가 빠르게 변화 중

반복해서 강조하지만 9일은 시장이 변곡점에 다가가는 중요한 순간을 포착하는 숫자이다. 단순한 단기 곡선이 아니라, 시장의 심리적 리듬을 반영하는 숫자이다. 이처럼 일목균형표는 차트의 사계절을 한눈에 보여 준다. 봄의 전환선, 여름의 기준선, 가을의 후행스팬, 그리고 겨울의 선행스팬 등이 차트 위에 펼쳐진 계절의 이야기들이다.

실전 적용: 자연 관찰자의 시선으로

❖ 봄의 개척자

- 전환선이 기준선을 상향 돌파하고 구름대 위에 위치할 때, 마치 산나물 채취 시즌을 맞이하듯 진입

❖ 여름의 수호자

- 후행스팬이 지지와 저항을 돌파하여 가격을 받쳐주는 동안은 마치 계곡에서 물놀이하듯 추세를 즐기기

❖ 가을의 수확자

- 선행스팬(Leading Span) 상단과 하단이 서로 교차할 때는 계절의 옷을 바꾸어 입을 때이므로 가던 길을 멈추고 돌아서기

❖ 겨울의 명상가

- 구름대 아래서 후행스팬이 가격을 밀어낼 때는 마치 눈 속에서 불멍 하듯 관망

이렇게 일목균형표는 단순한 차트 지표가 아니라 계절이 순환하듯 시장의 주기를 읽는 생태계 관측 도구이다. 숫자와 선을 보는 대신, 산림청장이 숲의 건강을 진단하듯 차트를 바라봐야 한다. 어느새 차

트 위에서 피어나는 꽃과 지는 낙엽의 리듬을 읽을 수 있을 것이다.

여러 지표는 결국 달빛에 흔들리는 연못물의 파문으로 볼 수 있다. 기술적 분석이란 파문의 리듬을 읽는 것이지 달 자체를 해석하는 게 아니라는 걸 깨달은 순간, 차트의 숫자들이 한 편의 시로 나타나고 지표의 선들이 오선보로 변하게 된다.

창가에 앉아 차트를 보는 지금, 나는 들판에 서서 바람의 방향을 읽던 소년 시절의 나와 마주한다. 이동평균선은 논두렁 길이 되고, RSI는 메뚜기 점프 높이가 되었다. 투자란 결국 우리 안에 잠든 자연 관측자의 눈을 깨우는 일인가 보다.

6.7 등대지기 이야기: ADX와 DMI

ADX(Average Directional Movement Index 평균방향성지수)와 DMI(Directional Movement Index 방향성이동지표)를 계절의 바람과 바다의 흐름에 비유하여 마치 오래된 등대지기의 일기장을 펼쳐서 들려주는 이야기처럼 시작해 보려 한다.

DMI지표는 가히 아름답다. 고점과 저점에 대한 정확한 예지를 보여주는 몇 안되는 지표 중 하나이다. 단, 필연적으로 짧은 횡보구간의 작은 고점과 저점을 오가다 보니 너무 많은 신호로 긴 추세에서 얻는 수익을 모두 반납하고 오히려 손실로 이어지는 두 얼굴을 가지고 있는 지표이기 때문이다. 마치 매혹적인 붉은 장미 뒤로 섬뜩한 가시들이 촘촘히 있는 것처럼 말이다.

그럼에도 이것을 강조해서 안내하는 이유는 DMI의 비밀스런 조합을 잘 이해하고 극복해 낸다면 선물트레이더로서 가장 성공에 빨리 다가설 수 있다고 자신하기 때문이다.

등대지기의 바람 일지

어느 해 여름, 동해안 등대에 부임한 첫날부터 나는 두 종류의 바람을 구별하는 법을 배웠다. 플러스(+)DI[15]는 먼바다에서 몰려오는 따뜻한

15 DMI(방향성이동지수)는 어떤 방향의 추세로 움직이고 있는지를 판단하고, 그 추세의 강도를 측정하기 위해 사용되는 지표임. DMI는 플러스(+)DI(Plus Directional Indicator)와 마너스(-)DI 두 개의 선으로 구성되어 있으며, 이를 통해 상승추세의 강도와 하락추세의 강도를 측정하는 것임.

남풍이었고, 마이너스(-)DI는 육지에서 밀려 내리는 차가운 북서풍이었다. 이 바람들이 서로 부딪치며 싸울 때마다 등대의 깃발은 미친 듯이 휘날렸다. 사람들은 이 싸움의 강도를 ADX라 불렀다. 바람의 힘을 재는 장치처럼 말이다.

어느 폭풍 전야, ADX 눈금이 40을 넘었을 때의 정적을 잊을 수 없다. 두 바람이 갑자기 팔을 끌어안듯 같은 방향으로 움직이기 시작했다. 남풍(+DI)이 북서풍(-DI)을 바다 밑바닥까지 눌러 버리더니, 이내 거대한 하나의 태풍으로 변해 버렸다. 그 순간 깨달았다. 진짜 폭풍은 바람이 싸울 때가 아니라 화해할 때 찾아온다는 것을……

파도예보 서비스

노련한 어부들은 ADX 수치를 파도예보처럼 읽는다. 25 아래의 잔잔한 숫자는 고기잡이 나가기 좋은 날씨이며, 25-40 사이는 뱃머리를 단단히 부여잡아야 할 때이고, 40 이상은 그물을 걷어 올리고 등대로 돌아오라는 경고이다. 하지만 진짜 비결은 DI 두 선이 ADX를 어떻게 에워싸는지 보는 데 있었다. 마치 밀물이 모래성 기초를 핥듯, +DI가 ADX 선을 스쳐 올라갈 때가 진짜 고등어 떼가 몰려오는 순간이었다.

바람꽃의 속삭임

봄이 오면 등대 주변에 자생하는 바람꽃들이 특이한 규칙을 보여 주곤 한다. +DI와 -DI가 교차할 때마다 꽃잎의 방향이 바뀌는 것을 알았다. 14일이라는 기간 설정은 마치 꽃이 태양을 향해 고개 돌리는 주기와 닮았다. ADX가 낮은 날엔 꽃들이 제각기 흩날리지만, ADX가 상승하면 모두 같은 방향으로 줄기를 세운다. 마치 시장이 단일한 추세로 정렬되는 것처럼 말이다.

그러나 그 주기가 너무 빠르다고 느껴지면 욕심을 버리고 길게 조정해 보아야 한다. 14일을 100일로 바꾼다고 해서 큰 낭패는 없다. 단지 주기가 오래인 만큼 가다가 적당히 쉬어야 할 때를 놓치지 말아야 한다. 그렇지 않다면 어느새 가던 길로 다시 돌아오고 있을 테니 말이다.

추세의 계단

옛 등대의 나선형 계단을 오르내릴 때마다 생각이 나곤 한다. ADX 25선은 계단의 안전 난간과 같아서 이 난간을 붙잡고 올라가다 보면, 어느새 +DI와 -DI가 만들어내는 추세의 층계를 자연스레 밟게 된다. 하지만 난간을 벗어난 허공에서 두 DI선이 서로 뒤얽힐 때는, 발아래 펼쳐진 바다가 갑자기 현기증 나는 절벽으로 변하는 법이다. ADX가 30을 넘어 질주하다가 어느 순간 갑자기 내려간다면, 그땐 잠시 쉬고 뒤돌아보아야 하는 것이다. 다시 항해를 나갈지 아니면 다가올 폭풍에 뱃머리를 포구에 묶어 놓을지 말이다.

폭풍의 해부학

지난 어느 해 겨울, ADX가 60을 넘었던 날의 폭풍을 떠 올려 보면 +DI의 상승은 따뜻한 해류가 북상을 시작하는 전조였고 -DI의 하락은 찬 대륙성 고기압이 후퇴하는 신호였다. 그리고 ADX의 급등은 이런 두 기단의 충돌이 극한에 달한 순간이었다. 이 삼각구도가 완성되면 바다는 거대한 소용돌이로 변한다. 현장 트레이더들의 말처럼 "ADX는 폭풍의 눈동자 지름"인 셈이다. 눈동자가 클수록 태풍의 위력이 커지는 법이다.

고요의 미학

ADX가 20 아래로 내려간 날엔 특별한 의식이 있다. 등대 창가에 걸린 풍향계가 제자리에서 맴돌 때, 나는 DI 두 선이 손을 잡고 원을 그리는 모습을 상상한다. 이때의 시장은 마치 만조와 간조 사이의 잠깐, 바다가 숨을 고르는 그 순간과 같다. 노련한 항해사들은 이 고요함 속에서 다음 바람의 씨앗을 찾아낸다. DI 선들이 아슬아슬하게 포개지는 지점, 마치 썰물이 밀물로 넘어가려는 그 경계에서 말이다.

ADX선이 20 또는 25 이하에서 머문다면 서둘러 출항하지 말고, 차분하게 출항 준비를 하여야 할 때이다. 이때가 바로 바다에게도, 배에게도, 선장에게도 거친 파도와 싸우게 될 내일을 위해 휴식하는 시간이기 때문이다. 20 이하에 있던 ADX가 +DI와 -DI가 만나 큰 뱃고동 소리를 내면서 상승하고 있다면 이젠 배를 띄울 시간이다.

등대의 교훈

30년 동안의 등대지기 생활이 가르쳐준 것은 간단하다.

- ✔ **ADX 40 이상**
  - 돛을 전부 펼치고 질주할 때
- ✔ **ADX 25-40**
  - 주밧줄을 단단히 매고 경계할 때
- ✔ **ADX 25 이하**
  - 그물을 수리하며 다음 기회를 기다릴 때

하지만 진짜 비밀은 숫자가 아니라, DI 두 선이 ADX 선을 스치는 각도에 있다. 마치 등대 불빛이 어둠을 가르는 각도가 배의 항로를 결정하듯이 말이다. 이제 나는 차트를 볼 때마다, 그 숫자들 사이에서 바다의 숨소리를 듣는다.

6.8 강물의 흐름을 담는 항아리: OBV & MACD 오실레이터

방향 예측이 가능한 거래량 누적지표 OBV

책상 위에 차 한 잔을 내려놓으며 창밖을 바라보니, 가을 숲의 나뭇잎들이 바람에 흩날리는 모습이 거래량의 흐름과 닮았다. 마치 나뭇잎이 쌓이듯 거래량은 시장의 숨은 의도를 읽는 열쇠이기도 하다. 이제 창가에 기대어 거래량지표의 세계로 들어가 보자.

어릴 적 할아버지 댁 마당에 있던 빗물받이 항아리를 기억하는가? OBV(On-Balance Volume)는 바로 그 항아리처럼 거래량을 누적하는 지표이다.

❖ 계산의 비밀

- 오늘의 종가가 어제보다 높다면 항아리에 물을 채움 (거래량 추가)

- 오늘의 종가가 어제보다 낮다면 항아리에서 물을 뺌 (거래량 차감)
- 종가가 같다면 물 높이 유지

숲속의 교훈

2023년 8월 삼성전자 주가가 68,000원에서 횡보할 때, OBV는 조용히 상승하고 있었다. 마치 봄눈이 녹아 강물이 불어나듯, 거래량이 쌓여가던 그달 말, 주가는 75,000원으로 뛰어올랐다. OBV가 가격보다 먼저 상승의 물길을 예고한 순간이었다.

OBV 선과 시그널(Signal) 선은 친절한 길잡이다. 길잡이인 시그널 선을 벗어나 멀리 가는 OBV 선이 뒤들 돌아보고 시그널 선 쪽으로 발길을 돌린다면, 그것이 바로 낙엽이 소리 없이 떨어져 쌓이는 변화를 보여 주는 것과 같다. 이때 MACD(Moving Average Convergence Divergence 이동평균수렴확산지수) 오실레이터(Oscillator)의 거래량이 어떻게 이동하고 있는지 주목해야 한다.

실전에서는 이런 다이버전스[16]가 많이 나타나는데, 나무 위에 앉은 새들의 이상 행동처럼 가격은 하락하는데 OBV가 오를 때는 숨은 매수세가 존재하여 반등을 예고하는 것이다. 반대로 가격은 오르는데 OBV가 내릴 때는 거짓 상승으로 폭락의 전조를 보일 때도 있다.

숲의 바람을 측정하는 풍향계

MACD 거래량 오실레이터는 숲의 바람을 측정하는 풍향계와 같다. 이

16 주가나 지수의 움직임과 기술적 지표(예: RSI, MACD, 스토캐스틱) 간 상반된 신호를 의미. 이는 추세 전환 가능성을 경고하거나 확인하는 데 활용됨.

지표는 MACD의 거래량 버전이다. 12일과 26일 거래량 EMA(Exponential Moving Average 지수이동평균)의 차이로, 시장의 '호흡 가속도'를 측정한다. MACD 거래량(파란선)이 신호선(빨간선)을 상향 돌파하면, 이후 거래량이 폭증하며 가격이 상승할 수 있다는 것을 강하게 보여 준다. 만약 0선을 돌파하여 '0'선 위로 올라갈 때는 마치 산불 경보기가 울리듯 거래량 급증을 예고하고 '0'선 아래로 떨어질 때는 시장이 잠든 듯한 정적 상태로 진입함을 암시해 주는 것이다.

생생한 예시

2022년 10월 미국 CPI(Consumer Price Index 소비자물가지수) 발표 당시 나스닥 선물의 MACD 거래량이 -15에서 +20으로 도약하였다. 발표 30분 전에 이미 거래량이 움직이기 시작했고, 지표는 뉴스에 선행하는 거래자들의 움직임을 포착했다. 거래량지표 사용법은 나뭇잎이 떨어져 쌓여갈 때 그것을 읽는 기술인 것이다.

✣ 봄(상승 초기)

- OBV가 가격보다 먼저 상승 시작하면 새싹이 트는 신호

✣ 여름(상승세)

- MACD 거래량이 0선 위에서 요동 치면 열대성 저기압 같은 활발한 움직임

❖ 가을(하락 전환)

- OBV가 가격 하락을 확인 된다면 낙엽이 지기 시작함

❖ 겨울(침체기)

- 두 지표 모두 약세라면 눈 속에 묻힌 씨앗처럼 조용히 기다림

복합적으로 접근

✔ 이동평균선(나무줄기) + OBV(뿌리의 건강) + MACD 거래량(가지의 성장 속도)

- [예] 20일선 위에서 OBV 상승 + MACD 거래량 '0'선 위로 상승하면 완벽한 성장 조건

✔ 주의해야 할 함정인 독버섯 식별법

- 갑작스러운 뉴스(예: 엔비디아 실적 발표)로 인해 거래량이 폭발하면 지표가 일시적으로 왜곡되어 거짓 신호가 발생하는데, 이럴 때는 30분 봉 이상에서 단기 신호를 걸러내야만 한다.
- 계곡의 메아리는 계곡이 깊을수록 더 선명하게 되돌아온다. 이처럼 거래량이 적을 때, OBV 신호 신뢰도는 낮아진다. 이럴 때는 5일 평균 거래량 대비 200% 이상 움직일 때만 신뢰 구간을 높여야 한다.

OVB 시그널과 MACD 오실레이터 추이

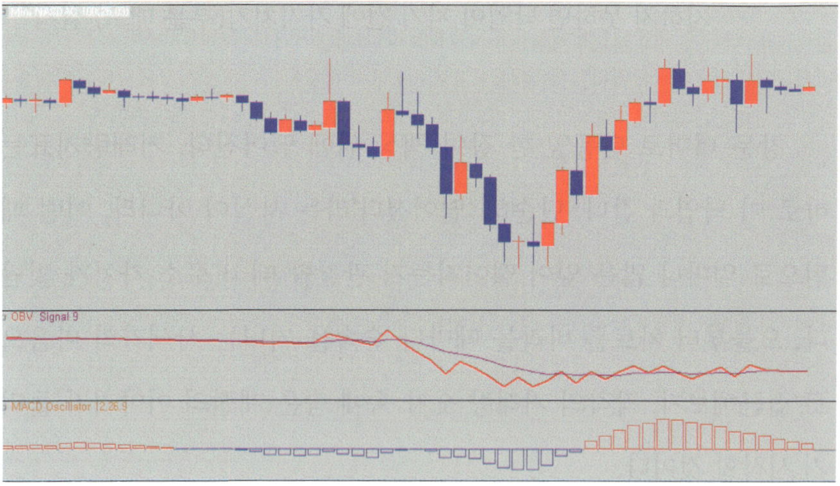

실제 차트 분석 예

❖ 현재 포지션

- Mini Nasdaq 100 보유 중

❖ 관찰 포인트

- OBV가 3일 연속 신고가 갱신 중
- MACD 거래량이 0선 근처에서 진동

❖ 결정

- "OBV가 가격보다 높은 고지에 있으니, MACD 거래량이 '0'

선을 확실히 넘을 때까지 보유, 만약 OBV가 현재 가격대를 유지하지 못하면 낙엽이 지기 전에 가지치기(부분 매도) 실시"

창문 너머로 단풍잎 한 장이 책상 위에 떨어진다. 거래량지표는 바로 이 낙엽과 같다. 단순히 '떨어졌다'라는 사실이 아니라, 어떤 패턴으로 얼마나 많은 잎이 떨어지는지 관찰할 때 비로소 가치가 빛난다. 오늘부터 차트를 바라볼 때마다 숲속을 거니는 사색가의 마음으로 접근해보자. 각각의 거래량 숫자 속에 숨은 계절의 이야기가 들리기 시작할 것이다.

필자는 이 글을 응시하는 여러분들에게 묻는다. "진짜 신호는 차트에 있는 걸까, 아니면 차트를 보는 우리의 호흡 속에 있을까?"라고 말이다. 답은 아직 바람에 실려 오는 가을 단풍잎 사이에 걸려 있는 것 같다.

이 모든 도구는 마치 화가의 팔레트에 놓인 색 조합과 같다. 이동평균선으로 캔버스의 밑그림을 그리고, RSI로 채색을 덧입히며, 볼린저 밴드로 명암을 조절하는 것이다. 하지만 진짜 걸작은 여러분이 직접 그려야 한다. 차트를 시처럼 써보자. 숫자 대신 숲의 변화, 파도의 높이, 구름의 움직임으로 기록해 보자. 기술적 분석이 결국 시장의 시(詩)를 해석하는 일이 될 테니까!

지표들은 그저 단어일 뿐이다. 여러분이 그 단어들을 엮어 자신만의 이야기를 만들 때, 비로소 시장의 언어를 이해하게 될 것이다.

6.9 주요 경제지표 활용

나스닥 지수 선물 거래 시 미국의 주요 경제 지표 발표는 거래하는 데 매우 중요한 요인으로 작용한다. 이런 주요 지표가 발표될 때마다 나스닥 선물 시장은 상상하기 힘들 정도의 변동성으로 트레이더들은 반드시 이를 참고해야 한다.

실제로 필자가 나스닥 지수 선물 거래를 하면서 겪었던 일화가 여럿 된다. 처음에는 일정 시간만 되면 차트가 급발진하는 자동차처럼 광폭 질주를 할 때 가슴이 철렁 내려앉을 때가 많았다. 이미 선물 거래하는 독자들이야 당연히 잘 알고 있는 내용이지만, 아마 선물 거래를 이제 시작하려는 독자가 있다면, 주요 경제지표와 관련된 내용은 매우 중요하다는 것을 깨닫게 될 것이다.

Mini Nasdaq 100상품 1계약으로 단 몇 초 만에 수백만 원에서 그 이상까지 벌거나 잃을 수 있다면 상상이 가겠는가? 지수 발표와 동시에 매수, 매도 양방향으로 엄청난 폭의 변동성이 이루어지는데 이런

경우는 심지어 트레이더들이 원하는 포인트(가격)에 진입도 힘들게 된다. 그만큼 거래량이 많아 슬리피지(Slippage)가 크게 발생하기 때문이다. 따라서 고도의 알고리즘으로 매수, 매도에 진입하여야 하며 그럴 때도 반드시 손절을 이중으로 설정하여 안전을 도모해야 한다.

사람의 손으로 차트를 보고 진입하는 것은 너무나 위험한 상황이 되기 때문에 이러한 중요 지표 발표 시에는 매매를 쉬어가는 것도 현명하다.

주요 경제지표 발표와 중요도의 사례

날짜	시간	통화	국기	국가	발표월	지표	중요도		실제치	예상치	이전치	차트
02/12	21:00	USD		미국		모기지재융자지수	★		640.6		584.3	
02/12	22:30	USD		미국	1월	CPI-계절조정	★		319.09		317.60	
02/12	22:30	USD		미국	1월	CPI-원지수	★	↗	317.67	317.46	315.61	
02/12	22:30	USD		미국	1월	CPI상승률(전년비)	★★★	↗	3.0%	2.9%	2.9%	
02/12	22:30	USD		미국	1월	CPI상승률(전월비)-계절조정	★★★	↗	0.5%	0.3%	0.4%	
02/12	22:30	USD		미국	1월	CPI상승률(전월비)-원지수	★★		0.65%		0.04%	
02/12	22:30	USD		미국	1월	근원CPI	★		324.74		323.30	
02/12	22:30	USD		미국	1월	근원CPI상승률(전년비)	★★	↗	3.3%	3.1%	3.2%	
02/12	22:30	USD		미국	1월	근원CPI상승률(전월비)	★★★	↗	0.4%	0.3%	0.2%	
02/12	22:30	USD		미국	1월	실질소득(전월비)	★		-0.3%		-0.4%	
02/12	22:45	EUR		독일	12월	경상수지-원지수	★		24.0B		21.9B	
02/13	00:00	USD		미국		파월 연준의장 의회증언	★★★					
02/13	00:30	USD		미국		API 쿠싱원유 재고(전주비,배럴)	★★		0.872M		-0.034M	
02/13	00:30	USD		미국		EIA 가솔린 생산(전주비,배럴)	★		0.180M		-0.027M	
02/13	00:30	USD		미국		EIA 가솔린 재고(전주비,배럴)	★	↘	-3.035M	1.900M	2.233M	
02/13	00:30	USD		미국		EIA 난방유 재고(전주비,배럴)	★		0.159M		0.373M	
02/13	00:30	USD		미국		EIA 연료유 생산(전주비,배럴)	★		-0.009M		-0.186M	
02/13	00:30	USD		미국		EIA 연료유 재고(전주비,배럴)	★	↗	0.135M	-0.500M	-5.471M	
02/13	00:30	USD		미국		EIA 원유 순수입(전주비,배럴)	★		-0.184M		-0.178M	
02/13	00:30	USD		미국		EIA 원유 재고(전주비,배럴)	★★★	↗	4.070M	2.400M	8.664M	

지표의 발표내용이나 중요도(별표로 표시되기도 하는데 별이 세 개로 표시된 지표라면 반드시 참고)는 증권사의 안내 창에서 볼 수 있으므로 항상 이를 체크하고 또 체크해서 매매에 참고하여야 낭패를 보는 일이 없다는 사실을 명심하기를 바란다. 나스닥 지수선물과 관련된 주요 지표 발표는 다음과 같다.

- ✔ **미국의 실업률**
- ✔ **미국의 GDP 성장률**

- ✔ **미국의 소비자물가지수(CPI)**
- ✔ **미국의 생산자물가지수(PPI)**
- ✔ **미국의 고용지표**

통화정책은 중앙은행이 경기를 조절하기 위해 취하는 정책으로, 선물 시장에 큰 영향을 미친다. 통화정책에는 다음과 같은 내용들이 있다.

- ✔ **기준금리 인상**
- ✔ **기준금리 인하**
- ✔ **양적 완화 / 양적 긴축**

7

시스템 트레이딩

프로그램 매매, 즉 시스템 트레이딩은 1970년대에 처음 시작되었다. 당시에는 컴퓨터 기술이 아직 발달하지 않았기 때문에, 프로그램 매매는 매우 제한적으로 이루어졌다. 그러나, 컴퓨터 기술의 발전에 따라 프로그램 매매는 좀 더 보편화되었고, 오늘날에는 선물 거래 대부분을 차지하고 있다.

선물 거래 시 참여자 기준으로 프로그램 매매의 비율은 60%에서 90%까지라고 보고 되고 있다. 프로그램 매매는 컴퓨터를 이용하여 만들어진 알고리즘에 따라 자동으로 매매하는 것을 말한다. 그러므로 직접 차트를 보고 손으로 매매하는 개인 투자자보다 훨씬 빠르고 정확하게 매매할 수 있다. 또한, 프로그램 매매는 개인 투자자보다 훨씬 큰 규모로 매매할 수 있으므로 시장의 변동성에 주요 영향을 끼치게 된다.

자동 거래 또는 시스템 거래라고도 하는 자율 매매 시스템을 통해 거래자는 일단 알고리즘화된 매매 전략이 프로그래밍되면 컴퓨터를 통해 자동으로 실행될 수 있는 거래 입력 및 종료에 대한 특정 규칙을 설정할 수 있다. 자동화의 가장 큰 매력 중 하나는 특정 기준이 충족되면 거래가 자동으로 이루어지기 때문에 거래에서 인간이 가진 감정의 일부를 제거할 수 있다는 것이다.

증권사의 거래 시스템은 많은 지표와 거래 수식을 작성할 수 있는 다양한 도구를 제공한다. 많은 트레이더는 어느 정도 매매의 반복적 훈련과 이를 통해 얻어진 시행착오 속에 자신만의 맞춤형 지표와 전략을 얻게 된다. 바로 이때가 프로그래밍하는 것을 필요로 하는 시기이다.

이용하는 증권사의 거래 도구와 맞춤형 프로그래밍으로 거래 전략 규칙이 설정되면 컴퓨터로 매수, 매도, 청산을 자동으로 실행할 수 있다. 이렇게 자신의 전략을 알고리즘화하여 자동 매매를 만들면 특정 규칙에 따라 거래가 시작되는 즉시 손절, 트레일링 중지, 익절 목표에 대한 모든 주문이 자동으로 생성된다. 빠르게 움직이는 시장에서 이 즉각적인 주문 입력은 거래자에게 치명적인 손실을 최대한 방어할 수 있게 해주는 매우 중요한 역할을 한다.

7.1 자동화 시스템의 장단점

자동화 시스템의 장점

시스템 트레이딩으로 인간의 감정 투자 극복

인간이 고위험의 선물을 거래할 때, 이익 성공 확률이 떨어지는 것은 인간의 감정 때문일 것이다. 즉, 손실이 나면 손절 매매를 제때 하지 못하고 한편으로 손실 회복을 위해 무리한 거래 진입을 시도하게 되어 이성적인 거래를 못하는 일종의 뇌동매매[17]로 손실을 크게 보게 된다. 반면 이익이 발생하면 차익 실현보다 더 많은 고수익을 기대하다가 매매 시점을 놓치게 되고 손실을 보게 되면 또 다시 뇌동매매에 빠지는 악순환을 거듭하다가 결국 깡통 계좌에 이르게 된다.

소위 차트를 움직이는 세력들은 바로 이러한 인간의 뇌동매매의 치명적인 단점을 이용하여 수익을 취하는 것이다. 자동 거래 시스템은 거래 과정 전반에 걸쳐 이러한 감정을 극복하게 해준다. 거래 규칙

17 비이성적으로 기준 없이 매매하는 것을 일컬음.

이 충족되면 거래 주문이 자동으로 실행되기 때문에 거래자는 거래를 주저하거나 의문을 따로 가질 수 없으므로 기준에 의한 매매를 가능하게 해준다.

전략 유지

거래 규칙이 설정되고 거래 실행이 자동으로 수행되기 때문에 변동이 심한 시장에서도 전략이 유지된다. 인간은 손실에 대한 두려움이나 거래에서 조금 더 많은 이익을 얻고자 하는 감정적 요인으로 인해 애써 시행착오를 통해 완성된 자신의 전략에 대해 스스로 믿음을 상실시키는 경우가 많다. 그러나 자동 거래는 거래 계획을 정확히 따르기 때문에 자신의 전략이 어느 정도 맞지 않아 손실을 보았다고 해도 인간의 감정대로 우왕좌왕하지 않고 지속해서 전략을 유지하는 데 도움이 된다.

또한 “파일럿 오류”[18]가 최소화된다. 예를 들어, 빠른 변동성에 대응하려다 주문 수량을 잘 못 입력하거나 매수를 매도로 진입하는 등 인간이 실수할 수 있는 요소들을 원천적으로 제거할 수 있다. 무엇보다 가장 중요한 것은 이러한 정신적, 신체적 인간의 실수를 없애고 자동 거래 시스템을 통해 거래자는 계획된 거래를 함으로써 일관성을 유지할 수 있게 된다.

18 사용자 오류(User Error)라고도 하는데 시스템 결함이 아닌 사용자의 잘못된 조작으로 발생하는 문제를 일컬음.

주문 입력 속도 개선

컴퓨터는 변화하는 시장 상황에 즉각적으로 반응하기 때문에 자동화 시스템은 거래 기준이 충족되는 즉시 주문을 생성할 수 있다. 몇 초 일찍 거래를 시작하거나 종료하면 거래 결과에 큰 차이를 만들 수 있다. 포지션이 입력되는 즉시 보호 손절매 및 이익 목표를 포함하여 다른 모든 주문이 자동으로 생성된다.

변동 폭이 심한 거래량이 폭주하는 시간대에서의 시장은 빠르게 움직이며 주문이 입력되기도 전에 거래가 수익 목표에 도달하거나 손절매 수준을 넘어서게 되는 경우도 많아 거래의 어려움을 초래한다. 자동 거래 시스템은 이러한 일이 발생하지 않도록 해준다.

거래 다각화

자동 거래 시스템을 통해 사용자는 한 번에 여러 계정을 사용하거나 다양한 전략을 이용할 수 있다. 이를 잘 활용하면 포지션 손실에 대한 헤지(hedge)를 생성하면서 다양한 상품에 위험을 분산시킬 수 있다. 인간이 달성하기에는 엄청나게 어려운 일이 컴퓨터에 의해 몇 초 안에 효율적으로 실행된다는 것이다. 컴퓨터는 다양한 시장에서 거래를 검색하고 주문을 생성하며 거래를 모니터링할 수 있기 때문이다.

자동화 시스템의 단점

자동 거래 시스템은 많은 장점을 가지고 있지만 세상에 신(神) 말고 또 다른 완벽한 존재가 있겠는가? 트레이더가 필수적으로 알아야 할 몇 가지 단점과 현실이 있다.

기계적 고장

자동 거래의 기본 이론은 간단해 보인다. 소프트웨어를 설정하고 규칙을 프로그래밍하고 거래를 지켜보면 실제로 자동 거래는 정교한 거래 방법이지만 오류가 없는 것은 아니다. 거래 플랫폼에 따라 거래 주문은 서버가 아닌 컴퓨터에 상주할 수 있다. 즉, 인터넷 연결이 끊어지면 주문이 시장에 전송되지 않을 수 있다.

또한 전략에 의해 생성된 “이론적 거래”와 이를 실제 거래로 전환하는 주문 입력 플랫폼 구성 요소 사이에 불일치가 있을 수 있다.

모니터링

컴퓨터를 켜고 하루를 쉬는 것이 좋겠지만 자동 거래 시스템에는 모니터링이 필요하다. 이는 연결 문제, 전력 손실 또는 컴퓨터 충돌과 같은 기술 오류 및 시스템 문제의 가능성 때문이다.

또한 자동 거래 시스템이 잘못된 주문, 주문 누락 또는 중복 주문을 초래할 수 있는 이상 현상을 경험할 수 있다. 시스템을 모니터링하면 이러한 발생 오류들을 신속하게 식별하고 해결할 수 있다. 가끔 기술 오류가 발생할 수 있으므로 이러한 시스템에는 모니터링이 꼭 필요하다. 서버 기반 플랫폼은 기계적 고장의 위험을 최소화하고자 하는 트레이더들에게 솔루션을 제공할 수 있다. 자동 거래 시스템을 사용하기 전에 약간의 거래 경험과 지식이 있어야 한다.

7.2 프로그램 만들기

시스템 트레이딩을 통한 선물 거래는 프로그래밍 능력이 없어도 충분히 가능한 시대가 되었다. 최근에는 AI를 활용한 자동 매매 시스템이 인기를 얻고 있어, 이를 활용하면 더욱 효과적인 거래가 가능하다. 다음은 프로그래밍 능력이 없는 트레이더가 시스템 트레이딩을 준비하고 완성하는 일부 방법을 소개하고자 한다.

플랫폼 선택

시스템 트레이딩을 하기 위해 플랫폼을 선택하는 것은 매우 중요한 의사결정이 된다. 대표적인 시스템 트레이딩을 제공하는 프로그램은 다음과 같다.

❖ Build alpha

- 코딩 없이 사용할 수 있는 백테스팅 툴[19]을 선택한다. 이러한

19 https://crowdfunding.or.kr/ai-%EC%9E%90%EB%8F%99%EB%A7%A4%EB%A7%A4-%EC%99%84%EB%B2%BD-%EA%B0%80%EC%9D%B4%EB%93%9C/

툴은 선물, ETF(Exchange Traded Fund), 외환 등을 대상으로 한 시스템 트레이딩 전략을 쉽게 구현할 수 있게 해준다.

❖ YesTrader[20]

- '예스트레이더'와 같은 프로그램을 제공하는 증권사를 선택하는 것도 좋은 방법이다. 이러한 프로그램들은 자동 매매 기능을 무료로 제공하는 경우가 많다.

❖ 영웅문G

- 키움증권에도 시스템 트레이딩이 가능하도록 선물투자 프로그램을 제공해 주고 있다.

전략 개발

선택한 플랫폼에서 제공하는 기본적인 지표와 조건들을 활용하여 거래 전략을 수립한다. 예를 들어, 이동평균선의 교차, RSI 과매수/과매도 신호, 볼린저 밴드 돌파 등의 기본적인 전략을 조합할 수 있다.

백테스팅

개발한 전략을 과거 데이터에 적용하여 성과를 검증하여야 한다. 백테스팅 결과를 바탕으로 전략을 지속해서 개선한다.

20 https://kmong.com/gig/611357

리스크 관리

손절매, 이익 실현 등의 리스크 관리 규칙을 설정한다. 포지션 크기와 레버리지 비율을 신중하게 결정한다.

실전 적용

소액으로 실제 거래를 시작하여 전략의 실효성을 검증한다. 실제 거래 결과를 모니터링하고 필요에 따라 전략을 조정한다.

AI 활용

최근에는 AI를 활용한 시스템 트레이딩이 주목받고 있다. AI 기반 플랫폼을 선택하여 기계학습(Machine Learning) 알고리즘을 활용한 예측 모델을 구축할 수 있다. 이를 위해서는 대량의 과거 자료(Historical Data)와 실시간 시장 데이터가 필요하다.

AI 자동 매매를 위한 플랫폼 선택과 사용 방법에 대해 자세히 알아보자.

✣ AI 플랫폼 선택

✔ **QuantConnect**

- 다양한 자산 클래스에 대한 알고리즘 개발과 백테스팅을 지원

- 파이선(Python)과 C#을 사용할 수 있어 초보자부터 전문가까지 활용 가능

✔ **MetaTrader 5**

- MQL5 언어를 사용하며, 내장된 AI 기능과 함께 사용자 정의 알고리즘 개발이 가능

✔ **TensorTrade**

- Python 기반의 오픈소스 프레임워크로, 강화학습을 활용한 트레이딩 전략 개발에 특화되어 있음

사용 방법 및 프로그래밍 과정

① 데이터 수집 및 처리

- 선택한 플랫폼의 API를 통해 실시간 및 과거 시장 자료를 수집
- 판다스(pandas)나 넘파이(NumPy) 라이브러리를 사용하여 데이터를 정제하고 분석할 수 있는 형태로 가공

② 모델 개발

- 사이킷런(Scikit-learn)이나 텐서플로(TensorFlow)를 사용하여 머신러닝 모델을 구축
- 시계열 분석을 위해 LSTM(Long Short-term Memory

장단기 기억)이나 GRU(Gated Recurrent Units 게이트 순환 유닛) 같은 순환신경망 모델을 고려할 수 있음

③ 백테스팅

- 개발한 모델을 과거 데이터에 적용하여 성능을 검증
- 플랫폼에서 제공하는 백테스팅 도구를 활용하여 다양한 시나리오에서 전략을 테스트

④ 실시간 트레이딩 구현

- 플랫폼의 API(Application Programming Interface)를 통해 실시간 데이터 스트리밍을 설정
- 개발한 모델을 실시간 데이터에 적용하여 매매 신호를 생성
- 주문 실행 모듈을 구현하여 생성된 신호에 따라 자동으로 주문을 실행

⑤ 리스크 관리

- 포지션 사이징, 손절매, 이익 실현 등의 리스크 관리 규칙을 구현
- 변동성에 따른 동적 리스크 조정 로직을 추가

⑥ 모니터링 및 최적화

- 실시간 성과 모니터링 대시보드를 구축

▸ 주기적으로 모델을 재학습하고 파라미터를 최적화하는 프로세스를 자동화

AI 자동 매매 시스템 구축은 복잡한 과정이므로, 단계적으로 접근하고 지속적인 학습과 개선이 필요하다. 또한, 실제 자금을 투자하기 전에 충분한 테스트와 검증을 거치는 것이 중요하다.

법적, 윤리적 고려사항

자동 매매 시스템 사용 시 관련 법규와 거래소 규정을 준수해야 한다. 과도한 주문 발생 등으로 시장에 부정적 영향을 주지 않도록 주의하여야 한다.

시스템 트레이딩은 개인의 감정을 배제하고 일관된 전략을 실행할 수 있다는 장점이 있지만, 시장 상황의 급격한 변화에 즉각적으로 대응하기 어렵다는 단점도 있다. 따라서 시스템의 성과를 지속해서 모니터링하고, 필요에 따라 인간의 판단을 개입시키는 유연성도 필요하다.

참고 자료

[1] https://crowdfunding.or.kr/%EC%9E%90%EB%8F%99% EB%A7%A4%EB%A7%A4%ED%94%84%EB%A1%9C%EA% B7%B8%EB%9E%A8/

[2] https://crowdfunding.or.kr/ai-%EC%9E%90%EB%8F%99% EB%A7%A4%EB%A7%A4-%EC%99%84%EB%B2%BD-%EA%B0%80%EC%9D%B4%EB%93%9C/

[3] https://stock79.tistory.com/entry/AI-%EC%9E%90%EB%8 F%99-%EB%A7%A4%EB%A7%A4-%EB%8F%84%EA%B5%AC-%EC%8B%AC%EC%B8%B5-%EB%B6%84%EC%84%9D%EA%B3%BC-%ED%99%9C%EC%9A%A9-%EB%B0%A9%EB%B2%95

[4] https://kmong.com/gig/611357

[5] https://brunch.co.kr/@@gT3D/15

[6] https://www.etnews.com/20210602000173

[7] https://fo24.info/autotrading.html

[8] https://www.unite.ai/ko/stock-trading-bots/

[9] https://www.hankyung.com/article/2004062720811

[10] https://stock79.tistory.com/entry/%EC%BD%94%EB%94%9-%EC%97%86%EC%9D%B4-%EC%89%BD%EA%B3%A0-%EB%B9%A0%EB%A5%B4%EA%B2%8C-%ED%8A%B8%EB%A0%88%EC%9D%B4%EB%94%A9-%EC%A0%84%EB%9E%B5%EC%9D%84-%EC%A7%A0%EB%8B%A4-Build-alpha-%EC%86%8C%EA%B0%9C-1

[11] https://koreascience.kr/article/JAKO201117463458143.pdf

[12] https://blog.naver.com/reviewjgh/222399476386? viewType=pc

[13] https://patents.google.com/patent/KR20080082162A/ko

[14] https://blog.naver.com/mynameisdj/221289400760? viewType=pc

[15] https://www.smallake.kr/wp-content/uploads/2010/11 101109004704-phpapp01.pdf

[16] https://brunch.co.kr/@5a6b3dc720554ca/1

[17] https://wikidocs.net/7636

8

나만의 트레이딩 전략 만들기

나만의 트레이딩 전략은 뚜렷한 나만의 매매 기준을 정한다는 의미에서 선물 트레이더가 되기 위해 반드시 갖추어야 할 핵심 요소이다. 처음부터 욕심을 부려 복잡하고 난해한 전략을 만들면 자신의 함정에 빠지기 쉬운 것이 선물 트레이딩이다.

전략은 철저히 준비하되 알고리즘은 간단하고 기본에 충실하여야 한다. 나만의 매매 전략 수립 7단계를 소개하고자 한다. “전략이 없으면 계획은 없다”라는 말처럼, 체계적인 절차를 따라가야 한다.

8.1 매매 전략 수립을 위한 단계

STEP 1 - 시장 분석 방법 선택

트렌드 vs 범위 vs 변동성

✔ **추세 추종형**

- 상승장에서는 매수, 하락장에서는 매도
- 사용 지표: EMA(20, 50), MACD, DMI

✔ **횡보장 대응형**

- 지지선에서 매수, 저항선에서 매도
- 사용 지표: 볼린저밴드, RSI, 스토케스틱(Stochastic)

✔ **변동성 활용형**

- 급등락 시 역방향 매매
- 사용 지표: ATR(평균진폭), VIX(Volatility Index)

초보자가 욕심을 내어 추세장이나 횡보장 등에서 모두 대응하기 위한 전략을 수립한다는 것은 무리일 수 있다. 처음에는 한 가지 전략만 선택하되 추천한다면 추세 추종형이 가장 안정적이다. 초보자가 횡보장에서 전략을 수행하다 보면 너무 많은 거래를 하게 되어 손실을 크게 볼 수 있는 확률이 높기 때문이다. 보조지표를 추세장에서 사용할 때는 선택한 봉의 시간 설정이 중요하다. 너무 짧은 시간(예를 들어 3분 봉, 5분 봉 등)을 설정하지 말고 최소한 30분 봉 이상에서 지표를 활용해야 한다.

STEP 2 - 진입 신호 확정

3중 확인 시스템

✔ 추세 추종 전략의 예시

① EMA 20 > EMA 50 (상승 추세 확인)

② MACD 히스토그램 확대 (모멘텀 증가)

③ 거래량 20일 평균 이상 (유동성 확보)

초보자 때는 위의 "모든 조건이 맞아야 진입"하도록 하고 2개만 맞으면 허벅지를 꼬집으며 참아야 한다.

STEP 3 - 손절매 및 익절 규칙 설정

손절매는 생명이다!

- **고정 손절: 진입 가격의 -2%**
  - 예: 10,000원 매수 → 9,800원 손절
- **추적 손절: 고점 대비 -1.5%**
  - 예: 11,000원까지 오름 → 10,835원으로 조정

익절은 전략에 따라

- **보수적**: 위험/보상비 3:1 → +6% 목표
- **공격적**: 추세선 이탈 시까지 홀딩

초보자일 때 많이 실수하는 것이 몇 번의 손실을 반복하다 보면 정해 둔 손절 마크를 이동하는 경우가 있다. 경험상 조금만 더 버티면 다시 회복될 것 같다는 생각이 들어 원래 정한 마크 부근까지 손절이 가까워 지면 이를 슬그머니 바꾸는 것을 말하는데, 절대 손절 마크를 변경하지 마라!

STEP 4 - 포지션 사이징(Position Sizing)

자본 관리 공식

✔ **1% 법칙(룰)**

- 한 번 거래에서 자본의 1% 이상 잃지 않기

  [예] 1억 원 자본 → 최대 손실 100만 원

- 진입 금액 = 100만 원 / (손절마크 2%) = 5,000만 원

초보자는 과도한 레버리지를 사용하지 말고, 한다면 2~3배로 시작하는 것이 좋다. 과도한 레버리지는 패망의 지름길임을 잊지 말아야 한다.

STEP 5 - 시간대 및 종목 선택

초보자를 위한 최적화

✔ **거래 시간**

- 미국 장 개장 후 1시간(한국시간 기준 개장 시간 / 오후

10:30(섬머타임 적용시), 11:30 정도는 변동성과 유동성이 높기 때문에 무리해서 진입하지 말고 관망하고 있다가 진입하는 것이 초보자에게 유리

✔ **종목 선택**

- 변동성 적은 종목: Mini Nasdaq 100, S&P500 선물(ES), 골드(GC)
- 피해야 할 종목: 비트코인 선물(BTC), 변동성 큰 소형주

초보자일 때는 한 종목만 집중하고 동시에 3개 이상 거래는 피해야 한다.

STEP 6 – 심리 관리 원칙 수립

10년 트레이더의 법칙

- "오늘의 손익은 내일의 밥그릇": 하루 수익률에 집착하지 말기
- "계획된 손실은 성공": 손절은 전략의 일부
- "주말에는 차트 보지 않기": 뇌 리셋 필수

초보자가 빨리 성장할 수 있는 좋은 방법은 거래 일지를 작성하는 것이다. 매일 일정한 패턴과 분량으로 기록을 정리하여 둔다면 자신의 투자 감정 패턴을 파악하는 데 큰 도움이 된다.

STEP 7 – 백테스트 및 실전 검증

백테스트 방법

- 과거 1년 데이터로 전략 테스트
- 승률 55% 이상, 위험/보상비 2:1 이상 확인
- 최대 낙폭(MDD)이 자본의 -15% 이내인지 검증

❖ 실전 검증

- 1개월 이상 모의투자: 실제 계좌의 10% 금액으로 시작
- 주간 리뷰: 매주 일요일 전략 수정

❖ 초보자 맞춤 전략 예시

✔ **"추세 + 모멘텀 + 안전장치" 전략**

① 시장: Mini Nasdaq 100 선물

② 진입 조건

- EMA 20 > EMA 50
- MACD 골드크로스 + 히스토그램 확대
- 장 초반 1시간 거래량 > 전일 동시간 대비 120%

③ 손절: -2% 고정

④ 익절: +4% 목표 또는 EMA 20 이탈

⑤ 포지션: 자본의 1%, 레버리지 2배

최종 점검 체크리스트

- 내 전략은 3개 조건으로 진입 신호를 정의했나?
- 손절마크가 고정되어 있나?
- 백테스트 결과 승률이 50% 이상인가?
- 하루 최대 거래 횟수가 5회 이하인가?
- 모의투자 1개월을 성실히 했나?

초보 트레이더에게는 "단순함이 최고의 전략"이다. 복잡한 지표 10개보다 예를 들어 EMA + 거래량 + 손절매 등 자신이 연습한 지표 3가지만 믿고 1년만 버티어 보라. 그리하면 성공은 따라온다. 초보 트레이너에게 요구되는 기본사항은 아래와 같다.

지속적인 학습과 개선

시장 상황은 계속 변화하므로, 전략을 주기적으로 재평가하고 개선해야 한다. 이를 위해서 다른 트레이더들과의 정보 교류, 관련 세미나 참석 등을 통해 지식을 넓혀 나가는 것은 좋은 트레이더의 자세이다.

❖ 감정 배제

시스템 트레이딩의 핵심은 개인의 주관적 감정을 배제하는 것이다. 일단 전략이 세워지면 정해진 프로그램에 따라 매매가 이루어지도록 한다.

❖ 다양한 시장 상황 대비:

상승장, 하락장, 횡보장 등 다양한 시장 상황에 대응할 수 있는 전략을 개발한다. 특히 선물 거래는 양방향 거래가 가능하므로, 하락장에서도 이익을 낼 수 있는 전략을 포함한다.

8.2 모의투자로 충분히 연습하기

필자는 나의 벗 공동 저자에게 늘 궁금한 것이 많았다. 이 벗은 하루 잠자고 먹고 하는 시간을 제외한 16시간을 한결같이 선물 거래를 직접 하며 다양한 매매 전략을 개발하고 이를 자동화하기 위해 4년 동안 시스템 트레이딩을 준비하면서 실전 투자를 하지 않았다. 물론, 자신이 만든 전략의 백테이터를 얻기 위해 일시적인 실전 투자를 제한적으로 하긴 했었다. 그의 매매 결과는 비록 모의 투자형식이었지만 연 100% 이상의 수익을 내면서도 결코 실전에 뛰어들지 않았다는 것이 나의 의문이었다.

그가 개발할 때부터 자주 같이 모니터링을 해 왔던 필자에게는 불현듯 이런 생각이 들었다. '왜 이렇게 좋은 수익 결과를 내면서 계속 모의투자로 전략만 짜고 있나?' 매번 물어도 묵묵부답으로 모의투자만 하는 벗을 보고 답답해서 채근해 보았지만 뚜렷한 답을 주지 않았다. 그러나 단순히 투자에 대한 두려움 때문에 그가 그렇다는 것을 느

껴본 적은 없었다.

한참이 지난 후에 들은 답은 내가 생각하였던 것 보다 큰 꿈을 가지고 있다는 것을 깨닫게 되었다. 30여 년을 벤처 기업가로, 교육회사 운영자로, 온라인 사업자로, 유통 전문가로 지내온 그가 인생이 정리되는 시기에 이토록 모든 것을 바쳐 몰두한 것은 자신의 인생을 마무리하는 시기에서 마지막 비즈니스로 준비하고 있었던 일종의 인생 프로젝트였던 것이라는 것을 말이다.

그에겐 단지 돈을 버는 것은 그리 중요하지 않았다. 그는 우리나라에서 '백수복(百壽福)'이라고 일컫는 전서체로 만들어진 독특한 서체로 평생을 바쳐 여러 작품을 남기신 작고하신 설봉(雪峰) 양성운(楊聖雲) 선생의 막내아들이다. 그는 부친께서 세상을 떠나신 지 오래되었지만, 아직도 아버님이 전국에 남겨 놓으신 여러 작품을 보면서 사람이 꼭 돈으로만 인생을 사는 게 아니라는 것을 깨달았다고 한다. 그런 이유로 그도 자신의 유산으로 후대에 도움이 될 선물 거래 시스템 트레이딩 비즈니스를 만들게 되었고 그에겐 서두름보다 더 완성된 자신의 시스템 트레이딩을 만들고 싶었던 것이었다.

필자가 이 책을 써야 했던 첫 마음과 뜻을 같이했기에 그가 쏟아부은 정열과 결과를 함께 이 책에 담고자 공저를 제안했고, 그는 흔쾌히 받아들였다. 이 책에서 소개되는 모든 설명과 전략은 그의 온전한 것으로 반드시 부업이나 전업으로 선물투자에 도전하는 초보자들에게 꼭 전해야 하는 내용들로만 구성되었다. 따라서 이미 투자의 자기 전략이 분명히 세워진 트레이더나 전문가를 위한 책은 아니다.

그가 왜 선물투자를 시작했는지, 어떻게 준비했는지, 그리고 무엇을 해야 하는지에 대한 길라잡이로서 부족함이 없을 듯하다. 어느 누가 모의투자만 그리 오랜 세월을 오롯이 전념하여 하루도 빠짐없이 거래하면서 데이터를 모았겠는가? 그만큼 모의투자로 충분한 훈련을 해야 한다는 것을 이 벗을 통해 느꼈고 독자들도 만약 선물 거래로 성공하고 싶다면 조급함을 멈추고 탄탄히 내공을 닦아 실전에서 온전히 성공하는 트레이더들이 되길 바란다.

증권사에서 모의투자를 진행할 경우, 반드시 실시간 데이터를 수령 받아야 한다. 이는 증권사마다 제공해 주는 형태가 틀리므로 해당 증권사에 문의하여 실시간 데이터로 모의투자가 이루어지는지 확인하여야 한다. 그만큼 실시간 데이터를 받아서 실행된 결과가 더 신뢰할 수 있기 때문이다.

9

선물투자라는 전쟁터로 나가기

9.1 준비할 기본 인식의 무기

슬리피지와 수수료

모의투자를 통해 충분히 훈련하여 이제 실전 투자에 임한다면 중요한 차이에 대해 알아 두어야 한다. 일단 실시간 데이터를 증권사로부터 받아 실행한 모의투자의 실시간 차트는 거의 실전 차트의 데이터와 큰 차이는 없으나 호가(주문을 내는 가격) 체결 부분은 다를 수 있다. 그래서 모의투자에서는 수익이 발생하였는데, 실전 투자에서는 역으로 손실이 발생하는 것이 이런 차이에서 오는 것이다.

슬리피지

실전의 호가창과 모의투자의 호가창은 같게 작동하지 않으며 슬리피

지도 그 차이가 현격히 나서 모의투자 성적이 반드시 실전 투자의 성적과 일치하지 않는다. 따라서 모의투자로 전략 수립 시 이런 슬리피지를 감안하여 작성하여야 한다. 스캘핑(주로 짧은 구간의 단타 위주로 매매하는 것)을 주로 하는 트레이더는 너무 많은 매수, 매도에 진입하게 되므로 더욱 주문 가격 오차가 많이 발생하게 된다. 만약 매수를 20,000포인트에서 진입을 시도하여 20,030에서 체결이 되었다고 하면 +30부분만큼 손실을 안고 시작하는 것이다. 반대로 이런 식으로 매도를 진행한다면 같은 방법으로 손실을 안고 진입하여 이를 반복하면 기하급수적인 손실이 발생할 수 있다.

바로 횡보 구간의 폭이 좁은 경우(횡보 구간 내 고, 저점의 차이가 적은 경우)에 이런 거래를 한다면 모의투자의 성적과 실전 투자의 차이가 크게 발생하게 된다. 그래서 이를 방지하려면 모의투자 때부터 너무 짧은 단타식의 매매 전략을 철저히 회피하고 추세 추종의 전략을 세우는 것이 매우 중요하다. 특히 거래량이 적은 경우는 이런 슬리피지가 크지 않지만, 미국 개장 시간에는 거래량과 가격 변동이 크기 때문에 슬리피지가 크게 발생하여 트레이더가 원하는 가격에 체결되기는 쉽지 않다.

수수료

선물 거래하다 보면 증권사에 지급해야 할 수수료가 있다. 상품마다 거래 시 지급해야 할 수수료 차이가 나는데 짧고 많은 거래를 하게 되는 스캘핑 위주의 매매는 이런 수수료가 수익에 큰 영향을 미치게 된다.

선물 거래는 양방향 거래이므로 스위칭(매수나 매도로 진입하다가 바로 반대 포지션으로 진입하는 것) 매매하는 경우 수수료가 많이 들어가게 된다.

❖ 수수료의 예시

- 매수포지션으로 진입하였다가 어느 포인트에 매도 포지션으로 바꾸는 경우
  - 거래 체결 시 수수료가 5,000원이라 가정

    ① 매수 체결 시 5,000원

    ② 스위칭을 위해 매도로 진입하기 위해서는 현재 매수 포지션을 청산해야 함. 이때 청산이 체결되면 5,000원

    ③ 청산이 이루어진 후 다시 매도로 진입하게 되면 체결 시 5,000원

    ④ 이렇게 체결된 매도 포지션을 다시 청산하게 되면 5,000원 부과

따라서 스위칭 한 계약이 이루어지면 기본적으로 5,000원×4번 = 20,000원이 부과된다. 만약 과도한 스캘핑으로 하루 20번 거래를 하게 되면 수수료만 400,000원이 부과되므로 수익을 달성하기 위해서는 슬리피지까지 고려하여 최소한 400,000원 이상을 훨씬 초과해야 한다. 물론 모의투자 시에도 수수료는 반영되어 계산은 되지만 슬리피지와 연계되지는 않으므로 실전과 큰 차이가 발생한다는 것을 명심해야 한다.

지정가 주문과 시장가 주문

매수, 매도 주문 시 지정가로 주문하는 방법과 시장가로 주문하는 방법이 있는데 이에 대해서도 초보자는 잘 알아 두어야 한다.

지정가 주문(Limit Order)

지정가 주문은 원하는 가격을 직접 지정하여 매수, 매도하는 방식이다. 예를 들면 현재 선물 가격이 13,200일 때, “13,190에 매수” 또는 “13,250에 매도” 주문을 호가창에 걸어둔다. 증권사 앱/HTS에서 “지정가” 버튼을 선택하고 가격 입력란에 원하는 금액을 직접 입력하거나, 호가창에서 원하는 호가를 클릭한다. 그리고 수량을 입력하고 매수, 매도 버튼을 누른다.

지정가 주문의 장점은 원하는 가격에 체결되므로 비용 통제가 가능하다는 것이다. 예를 들어, 13,190에 매수 주문을 걸어두면 그 가격보다 더 낮은 가격에 매수할 수 있어 유리할 수 있다. 그러나 주의하여야 할 점은 원하는 가격에 체결이 안 될 수 있다는 것이다. 지정가가 현재 시장 가격과 차이가 크면 호가창에 유동성이 없어 체결되지 않을 수 있다. 그리고 만약 원하는 지정가에 체결되지 못했을 경우, 반드시 지정가 주문 취소 버튼을 눌러 취소 여부를 확인하여야 한다. 그것도 불안하다면 습관적으로 일괄청산 버튼을 눌러 호가창을 초기화하여야 한다.

호가창은 항시 가격의 변동에 따라 연동되어 움직이므로 자신이 설정해 둔 지정가 주문이나 청산을 위해 스톱로스(Stop Loss)를 걸어놓은 표시 위치가 사라지게 되어 이를 모르고 있다가 뒤늦게 원하지 않는 거래가 체결되어 낭패를 볼 수 있기 때문이다. 이것은 대개 초보자들이 겪게 되는 일상적인 것으로, 이것이 손실을 많이 가져오기 때문에 명심하여 실수가 나오지 않도록 해야 한다.

예를 들면, 선물이 급락할 때 13,100에 매수 주문을 걸었는데 가격이 13,050까지 떨어지면 오히려 체결되지 않을 수 있다. 원했던 주문의 체결이 이루어지지 않았을 경우 추세의 변화가 이루어졌다고 판단될 때 즉시 주문을 취소시켜야 한다.

시장가 주문(Market Order)

시장가 주문은 즉시 체결을 목적으로 현재 시장의 가장 유리한 가격에 매수, 매도하는 방식이다. 예를 들면 "시장가(지금 당장 매수)" 버튼을 누르게 되면 호가창의 매도 호가(팔려는 가격)에 연동되어 즉시 체결된다. 증권사 앱/HTS에서 "시장가" 버튼을 선택, 수량만 입력하고 매수, 매도 버튼을 누르면 즉시 체결된다.

시장가 주문의 장점은 체결 확정이 보장된다는 것이다. 급등, 급락장에서 빠르게 진입, 청산할 때 유용하게 사용한다. 그러나, 시장가 주문 시 주의할 점은 슬리피지(Slippage) 발생 가능성이 있다는 것이다. 이는 특히 변동성이 큰 시간대(예: 미국 경제지표 발표 시)에는 주문 가격과 체결 가격의 차이가 클 수 있다. 예를 들면 13,200에 매수하려 했지만, 주문 처리 중 가격이 13,220으로 올라가 체결될 수 있다. 즉, 자신이 원하는 가격이 아닌 고가, 저가에 체결될 위험이 있고 갭하락, 상승 시 예상보다 훨씬 불리한 가격에 체결될 수 있다.

초보자를 위한 선택 가이드

초보자는 이런 예상치 못한 가격에 계속 체결되면 불안함과 자신의 매매 전략에 신뢰를 상실하여 뇌동매매에 빠지기 쉬우므로 변동성이 낮은 차분한 시장에서 원하는 가격에 지정가로 안전하게 체결이 가능한 시간대를 선택하여 일단 매매에 임하는 것이 좋다.

그리고 만약 진입 포지션(매수나 매도로 진입해 있는 경우)이 있는 상태에서 빠르게 청산해야 할 급등, 급락장에서는 시장가로 신속하게 대응해야 한다. 이러한 경우에도 손절매가 필요한 경우는 지정가 청산과 함께 스톱로스를 통해 특정 가격에 반드시 청산되도록 설정하여야 한다.

그리고 단순호가창을 통해 주문할 수도 있지만, 오버나잇 거래로 큰 손실이 발생하여 청산해야 하나 좀 더 기다려 보려 할 때도 있다. 이때는 최소로 지켜야 할 손절매 포인트를 지정하기 위해 강제로 원하는 가격에 청산해야 하는데 이런 경우는 자주 발생하지 않는 경우로 어떻게 대처하여야 할지 잘 모를 때가 있다. 이럴 때 당황하지 말고 거래 홀딩 기간 중 원하는 가격에 청산되도록 설정하는 기능이 증권사마다 있으므로 반드시 해당 증권사 담당자와 연락하여 지정 설정에 대한 도움을 받아야 한다.

실전 팁

✣ 호가창을 항상 확인

- 매수하려는 가격에 얼마나 많은 물량이 있는지 확인하여야 한다.
- 호가량이 적으면 지정가 체결이 어려울 수 있다.

✣ 시간 외 거래 주의

- 장 마감 후 시간 외 거래는 유동성이 적어 슬리피지 위험이 매우 크기 때문에 주의하여야 한다.

✣ 모의투자로 연습

- 실제 돈을 넣기 전, 증권사의 모의 거래 시스템에서 두 방식을 테스트해 보고 비교할 줄 알아야 하고 특히 손절매 설정에 대한 다양하고 세부적인 증권사 HTS(Home Trading System) 사용법을 숙지하여야 한다.

- 증권사 직원들은 HTS 전문가로 친절히 설명해 주기 때문에 주저하지 말고 초보자는 이들에게 항상 전화하여 자세히 문의하므로 실수가 없도록 훈련하여야 한다.

9.2 보조지표, 그 위대한 모순과의 화해

달빛이 창가에 스민 밤, 차트 앞에 앉아 수많은 선과 숫자 사이에서 길을 잃은 적이 있는가? 보조지표들은 때론 친절한 안내자처럼 다가오지만, 이내 서로 다른 목소리로 속삭이며 혼란을 준다. 이동평균선은 상승을 외치고, RSI는 과매수 구간을 경고하며, MACD는 신호선 교차를 재촉한다. 초보자의 손가락은 공중에 멈추고, 마음은 갈등에 휩싸인다. "과연 누구의 말을 들어야 할까?"

지표의 숲에서 길을 잃는다

어린 시절 할아버지의 서재에서 발견한 낡은 나침반을 들고 산에 올라간 적이 있다. 나침반의 붉은 바늘이 북쪽을 가리켰지만, 주변 풍경과 기억 속 등산로는 다른 방향을 말했다. 결국 나는 나침반을 믿지 못하고 발걸음을 돌렸다. 그날 나침반이 옳았다는 사실을 훗날 알게 됐을 때의 후회를 잊지 못한다.

보조지표도 마찬가지다. 너무 많은 지표는 나침반을 여러 개 손에 쥔 것과 같다. 각자 다른 북쪽을 가리키면 어디로 가야 할지 모른다. 15분 봉에 10개의 지표를 띄워놓는 순간, 차트는 전쟁터가 된다. 스토캐스틱은 매수를, 볼린저 밴드는 변동성 축소를, 파라볼릭 SAR(Parabolic Stop and Reverse)은 추세 전환을 예고한다. 초보자는 이 소음 속에서 결정을 미루고, 결국 기회를 놓친다.

지표는 도구이지, 절대적 신이 아니다. 그 수많은 화살표 중 오직 하나만이 당신의 전략과 공명할 때 빛난다.

간결함의 미학: 세 가지 원칙

고급 요리사는 재료를 과도하게 쓰지 않는다. 간결함이 맛의 본질을 살리듯, 트레이딩도 핵심 지표만으로 청사진을 그려야 한다. 수년간 지켜온 간결함의 원칙은 이렇다.

✤ '코어 지표'를 정하라

- 추세 지표 1개 (이동평균선, MACD)
- 모멘텀 지표 1개 (RSI, 스토캐스틱)

- 변동성 지표 1개 (볼린저 밴드, ATR)

이 세 가지 층위가 서로를 보완할 때, 시장의 숨소리를 들을 수 있다. 예를 들어 이동평균선이 상승추세일 때, RSI가 50을 넘으면 모멘텀을 확신하는 방식이다.

✤ 시간대를 통일하라

- 5분 차트의 RSI와 1시간 차트의 MACD를 동시에 보는 것은, 다른 속도로 흐르는 강물에 발을 담근 것과 같다.
- 하나의 시간 프레임을 정하고 그 안에서 신호를 읽어내라. 변동성이 큰 선물 거래 시장에서의 판단은 신속해야 하는데 서로 다른 시간대에서의 지표는 갈 길을 머뭇거리게 한다.

✤ '백테스팅'으로 잡음을 걸러내라

- 역사는 반복되지 않지만, 통계는 교훈을 준다. 지난 1년간 데이터로 전략을 검증해보라.
- 예를 들어 "MACD 골든크로스 + RSI 30 이하" 조건이 70% 승률을 보인다면, 그것이 당신의 나침반이다.
- 자신이 설정하고 학습한 지표에 대한 거래 기준을 명확히 세워 일정 기간을 검증하여 거래 시 자기 자신의 의심을 거두어야 한다.

모순은 시장의 속삭임이다

어느 가을날, 강가에서 두 노인이 낚시하고 있었다. 한 노인은 미끼를 자주 교체하며 여러 낚싯대를 사용했고, 다른 노인은 한 가지 미끼와 단 한 개의 낚싯대만을 썼다. 해 질 무렵, 후자의 바구니가 더 가득 찼다. 전자가 물었다. "비결이 뭐요?" 후자는 웃으며 답했다. "물고기가 원하는 미끼는 하나인걸요."

시장도 마찬가지다. 지표들의 모순은 시장이 내는 신호다. 이동평균선이 상승하는데 RSI가 과매수라면, 이는 "잠시 숨을 고르는 중"이라는 의미다. 이때는 진입 대신 기다림이 전략이 된다. 모순을 피할 것이 아니라 해석하라는 것이다.

단순함의 힘: 버려야 할 것들

스위스 군용 칼은 30가지 기능을 갖추었지만, 실제 전장에서 병사들은 칼날과 집게 정도만 사용했다고 한다. 트레이딩도 기능 과잉의 함정에서 벗어나야 한다.

✣ 추세 추종 전략: 단순함과 복잡함의 균형

- 추세 추종 전략은 트레이딩에서 가장 중요하면서도 어려운 전략 중 하나이다. 이 전략의 핵심은 단순함과 복잡함 사이

의 균형을 찾는 것이다.

❖ 단순함의 중요성

- 래리 하이트(Larry Hite)는 그의 저서 "부의 원칙(The Rule)"에서 트레이딩의 단순함을 강조했다. 그는 "복잡한 시스템은 실패할 가능성이 더 크다"라고 말했다. 이는 초보 트레이더들에게 중요한 교훈이다.
- 예를 들어, 많은 초보자는 수십 개의 지표를 차트에 올리고 모든 신호가 일치할 때만 거래하려고 한다. 하지만 이는 오히려 혼란을 가중하고 기회를 놓치게 만든다. 대신, 단순한 이동평균선 교차나 가격 돌파와 같은 기본적인 신호에 집중하는 것이 더 효과적일 수 있다.

❖ 복잡함의 필요성

- 아이러니하게 단순함만으로는 부족하다. 에드 세이코타(Ed Seykota)가 말했듯이, "트레이딩은 단순해야 하지만 정교해야 한다." 이는 시장의 복잡성을 인정하고 그에 맞는 전략을 개발해야 한다는 의미이다.
- 예를 들어, 단순히 상승추세를 따라 매수만 하는 전략은 시장이 하락할 때, 큰 손실을 볼 수 있다. 따라서 리스크 관리, 포지션 사이징, 다양한 시장 상황에 대한 대응 전략 등을 포함한 종합적인 시스템이 필요하다.

✣ 균형 잡힌 접근

- 레리 하이트(Larry Hite)는 "측정할 수 없다면 관리할 수 없다"라고 말했다. 이는 트레이딩 시스템이 객관적이고 측정할 수 있어야 함을 의미한다.

✔ 초보 트레이더를 위한 예시

① 단순한 진입 규칙 설정

- 예를 들어, 10일 이동평균선이 60일 이동평균선을 상향 돌파할 때 매수

② 명확한 손절매 규칙

- 예를 들어, 진입가에서 2% 하락 시 손절매

③ 이익 실현 규칙

- 예를 들어, 목표가 도달 시 절반 매도, 나머지는 추세 따라 보유

④ 포지션 사이징

- 계좌의 2% 이상을 한 거래에 리스크로 두지 않음

⑤ 시장 상황 필터

- 예를 들어, VIX 지수가 특정 수준 이상일 때, 또는 ADX 지표가 특정 수준 이하일 때는 거래 자제

이러한 규칙들은 단순하지만, 각각의 요소가 시스템의 성과에 미치는 영향을 지속으로 모니터링하고 최적화하는 과정은 복잡할 수 있다.

✣ 지속적인 학습과 적응

- 존 헨리(John W. Henry)의 말처럼 “가장 트레이딩을 잘하였을 때는 트레이딩을 하지 않는 날”일 수 있다. 이는 시장을 관찰하고 이해하는 시간의 중요성을 강조하는 말이다.
- 초보 트레이더들은 실제 거래보다 백테스팅과 페이퍼 트레이딩에 더 많은 시간을 투자해야 한다. 이를 통해 자신의 전략을 검증하고, 시장의 다양한 상황에 대한 이해를 높일 수 있다.

결론적으로, 추세 추종 전략의 성공은 단순함과 복잡함 사이의 균형을 찾는 데 있다. 초보자는 단순한 규칙으로 시작하되, 시장에 대한 이해가 깊어짐에 따라 점진적으로 시스템을 정교화해 나가야 한다. 이는 지속적인 학습과 적응의 과정이며, Larry Hite, Ed Seykota, John W. Henry와 같은 성공한 트레이더들의 지혜를 참고하며 자신만의 길을 찾아가는 여정이다.

- ‘신비한 지표에 현혹되지 마라’: 복잡한 수식으로 만든 지표가 더 정확하지 않다.
- ‘모든 시장을 잡으려 하지 마라’: 변동성 큰 암호화폐와 안정된 지수 선물을 동시에 볼 때 지표는 혼란스럽다.
- ‘완벽한 진입을 포기하라’: 지표가 완전히 조화되는 순간은 없다. 60% 확신에 40% 손절매 규칙으로 대응하라.

9.3 마침내, 당신만의 리듬을 찾아서

밤새 차트를 분석해도 막상 시장이 열리면 손이 떨리는 이유는 간단하다. 지표가 아니라 '나'를 믿지 못하기 때문이다. 래리 하이트가 강조한 시스템 트레이딩의 핵심은 여기에 있다. 규칙을 세우고, 그 규칙과 동행하는 용기를 가져라. 다음에 지표들이 서로 다른 목소리로 속삭일 때, 이렇게 질문하라.

- 내 전략의 핵심은 무엇인가?
- 이 모순은 내게 기다리라 말하는가, 도전하라 말하는가?

진정한 지표는 차트가 아니라 당신의 원칙 안에 있다. 계단처럼 단계를 밟아 오르되, 발판은 세 개면 충분하다. 한걸음에 모든 계단을 오르려는 자는 그 무게에 발이 묶일 뿐이다.

마이크로 1계약에서부터 천천히

Mini Nasdaq 100 상품은 증거금이 만만치 않고 변동성이 커서 충분히 매매에 대한 숙련도와 전략을 마련하고 있지 않다면 눈 감고 운전하는 것과 같이 큰 위험을 초래할 수 있다. 반드시 실패한다는 의미이다. 그렇다고 시도하지 않고 항상 관망만 하고 있다면 부의 달성은 어림없는 말이다.

상대적으로 부담이 적은 Micro Mini Nasdaq 100상품으로 거래해서 충분한 훈련과 시행착오를 겪은 후에 비중(1회 진입 시 체결되는 계약 수량)을 높이거나 Mini Nasdaq 100 상품으로 전환하기를 바란다.

Micro Mini Nasdaq 100상품은 Mini Nasdaq 100상품의 10분의 1의 증거금으로 시작할 수 있다. 그러나 수수료가 상대적으로 높은 것이 단점이므로 거래의 수를 최소화하여 과다한 수수료로 손해 보는 일이 없도록 전략을 수립해야 한다.

따라서 필자가 권하는 나스닥 지수 선물 트레이드는 길게 보고 시작해야 한다. 단시간 내에 공부해서 수익을 내기는 불가능하다. 그렇게 하기 위해서는 타인의 시간과 노력을 빌려서 그 시간의 공백을 메워야 한다. 필자가 본 책을 저술하는 가장 큰 이유는 그런 이들에게 조금이나마 도움이 되기 위함이다.

투자 종목의 다양화

나스닥 지수 선물로 충분히 숙련된 지식도 쌓고 어느 정도 수익을 실현하는 상태가 되었다면, 이제 한 단계 레벨 업 할 때가 되었다고 생각하고 종목을 다양화해볼 필요가 있다. 왜 그래야 할까? CME 거래소에서 제공하는 선물 상품에는 원유(Crude Oil) 선물, 골드 선물, 가스 선물, S&P 지수 선물 등이 있다. 이들은 증거금도 모두 나스닥과 다르므로 트레이더가 자신의 증거금 여력에 맞는 종목을 선정할 수 있고 또한 트레이더 성향이 나스닥과 달리 다른 종목과도 맞을 수 있어서 수익을 더 극대화할 수도 있다.

그리고 가장 큰 이유는 각 종목의 기간별 추세가 결코 같다고 할 수 없기에 여기에서 오는 포트폴리오 전략도 구성할 수 있다. 자신의 매매 전략에 자신이 있는 트레이더들은 횡보장을 좋아하지 않는다. 변동성이 커야 수익도 극대화되기 때문이다. 그래서 만약 자신이 거래하는 종목이 장기간 횡보장에 있다면 상대적으로 변동성이 큰 종목에 투자하기를 원한다.

예를 들면, 나스닥 지수 선물이 횡보가 지속되어 수익이 발생하지 않고 있는데 원유는 국제 정세의 급격한 변동에 따라 등락 폭이 크다고 한다면 오일을 선택하여 거래하면 수익이 배가 될 수 있다. 따라서 편식하지 말고 다양한 종목을 평소에 친하게 거래하면 여러 면에서 유용하다.

매매 후 피드백 작성 생활화

필자는 반복적으로 강조하는 것이 있다. '오버 나잇 거래보다는 당일 청산 원칙을 지키라'는 것이다. 이는 수익 우선보다 리스크 관리를 우선하라는 의미이다. 즉, 자신이 통제하지 못하는 상태에서의 거래는 선물 거래 시 망할 수 있는 가장 빠른 길이다.

만약, 장 종료 3시간 전에 당일 청산이 이루어졌다면 이제 그물을 확인하여야 한다. 바다가 풍요를 트레이더에게 얼마를 선물했는지 가늠하지 말고 늘 주어진 수익에 감사하고 만약 그물이 터져 고기는 잡히지 않고 그물만 손상되어 당일 출항에 따른 손실을 보았다면 그것도 인정하여야 한다. 항상 고기가 많이 잡힐 수는 없는 일 아닌가?

그러나 손실이 수익보다 더 지속해서 반복되어 증가한다면 이젠 터진 그물을 꼼꼼히 손봐야 한다. 당일 청산이 종료되면 당일의 손실에 대해 진단을 게을리하지 말아야 한다. 그렇다고 트레이더가 바람에 깃발이 흔들리듯 자신의 전략을 바로바로 수정하라는 의미는 아니다.

먼저 손실이 난 진입에 대한 검증이다. 속임수였는지 아니면 손, 익절매 설정 기준이 잘못 적용되었는지, 기계적 결함은 없었는지를 늘 점검하는 습관을 지녀야 한다. 그러다 보면 자신의 전략에 중대한 허점도 발견하게 되고 또는 더 높은 수익을 올릴 방법도 찾아내 계속 업그레이드할 수 있다.

수익금 관리하기

무리한 복리 투자는 반드시 피하는 것이 좋다. 거래하다 보면 수익이 지속해서 실현되어 계좌에 돈이 쌓이게 된다. 사람은 감정을 다스리기 힘든 이기적이고 욕심이 많은 존재이다. 특히 위험성이 큰 선물 거래에 임하는 투자자는 매우 공격적 투자 성향을 지니고 있으므로 실현된 이익을 취하기보다는 이를 재투자하여 더욱 큰 이익을 보려고 한다.

한 계약으로 진행하여 자산이 늘어나면 두 계약 이상으로 거래해서 더 많은 이익을 얻고자 하는데, 이것이 곧 인간이 가진 본성이자 트레이더를 실패로 유혹하는 악마의 속삭임이 시작되는 것이다.

과연 얼마나 장기간 승률을 지속할지 모르지만 선물 거래에서 발생 된 이익을 취하지 않고 복리 투자를 꾀한다면 언젠가는 실패를 맛보게 된다. 만약, 이익이 발생하여 지갑에 담았다면 반드시 이익금을 나누어 관리하여야 한다. 손실이 발생하여 증거금이 부족하게 될 때, 이를 보충할 재원으로서 일정량을 보관하거나 이익 발생분의 10% 정도는 추후 납부 해야 할 세금으로 따로 관리하여야 한다.

수익이 났다고 모두 써 버리면 나중에 유지 증거금에 대한 보충이나 매년 납부 하여야 할 세금을 따로 준비해야 하기 때문이다. 이러한 작은 행위들이 선물 거래에서 실패하지 않고 오랫동안 살아남아 연금 소득처럼 안정적인 금융 소득을 취득하게 된다.

증거금 관리하기

거래하다 보면 이익만 발생할 수 없고 반드시 손실도 발생하게 된다. 그런데 가장 중요한 부분이 증거금 유지이다. 해외 선물은 환율에 따라 약간씩 변동이 있는데 항상 해당 증권사의 증거금 변동 상황을 확인해야 한다. 대개 해당 증권사의 게시판에 공지가 되어 있으니 확인하고 더 자세한 것은 꼭 담당자에게 문의하는 것이 좋다.

증거금이 부족하게 되면 마진 콜을 당하게 되는데 마진 콜에 대해 잘 이해하고 있어야 큰 손실을 피할 수 있다. 마진 콜(Margin call)은 선물계약 당시 계약이행을 보증하고 채권을 담보하기 위해 고객한테서 받은 예치증거금(개시증거금)이 선물가격 하락이나 담보가치 하락, 또는 펀드나 신용거래, 미수 등으로 쌓아놓은 주식의 가치하락 등으로 인해 투자원금에 손실이 발생한 경우, 일정부분까지만 이를 인정하고(유지 증거금) 그 비율 아래로 떨어질 때 고객에게 개시증거금 수준으로 추가 담보를 요구하는 것이다.

마진 콜을 당할 경우, 개시증거금 수준까지 증거금(담보)을 보충해야 하며, 채우지 못하면 반대매매로 포지션이 강제 청산된 후 때에 따라서 투자자는 즉시 빚쟁이가 된다. 마진 콜이 발생 후 약 1~3일 이내에 증거금을 채우지 못하면 강제청산에 들어가며, 시가로 청산되기 때문에 매우 낮은 수익률로 청산된다. 따라서 충분한 증거금을 유지하며 증거금 규모에 맞추어 여유 있는 거래를 하여야 한다.

1계약 증거금이 보통 한화로 3,000만 원에서 4,500만 원 사이(필자가 글을 쓰고 있는 시점의 환율 변동 폭 적용)라고 보고 4,500만 원을 1계약 증거금이라고 하여 설명하겠다. 그런데 거래 중 손실이 발생하여 증거금 이하로 잔액이 남게 되면 더 이상 1계약을 진행할 수 없다. 만약 손실이 발생하여 1,800만 원이 되었다면 차액만큼을 더 보충하여야 한다. 그리고 매수나 매도를 스위칭해서 바로 거래하려면 2계약이 필요하므로 9,000만 원이 최소 필요하게 된다.

따라서 미니 나스닥 1계약 기준 거래 시, 최소 증거금액은 9,000만 원이 되므로 그 두 배 정도인 1억 8천만 원이 있어야 어느 정도 시스템 트레이딩을 하는데 이상이 없다. 증거금이 부족하여 거래가 이루어지지 않고 월물 마감이 되어 증권사는 반대매매를 통해 청산하게 되면 깡통 계좌가 될 수 있으므로 증거금 유지 관리에 늘 신경 써야 한다.

월물 변경 관리하기

선물은 거의 만기일이 지정되어 있다. 나스닥 지수 선물 상품은 3개월마다 만기가 되는데 3월, 6월, 9월, 12로 정해진다. 만기일은 해당 증권사에 확인하면 되는데, 미리 연중 만기일을 캘린더에 표시해 두거나 프로그램 구동 시 알고리즘으로 관리해도 된다.

만기일이 되면 해당 계좌를 청산하거나 다음 만기일로 변경해야 한다. 만기일의 변경 창은 증권사마다 약간씩 다르므로 자신이 거래하는 증권사의 HTS에서 만기일 변경을 모의투자 시 충분히 다루길 권한다.

참고 자료

[1] http://www.paxnet.co.kr/tbbs/view?id=N10940&seq= 11063947

[2] https://mostair.tistory.com/269

[3] https://b2broker.com/ko/news/best-futures-trading-strategies- for-beginners-and-professionals/

[4] https://blog.naver.com/kkj6856/221540451913?viewType=pc

[5] https://blog.naver.com/pyhsss/40189892441?viewType=pc

[6] https://www.litefinance.org/ko/blog/for-beginners/oehwan- teuleiding-doseo/

[7] https://m.yes24.com/Goods/Detail/140086272

[8] https://brunch.co.kr/@richmansion/20

10

차트 속임수에 대처하기

차트에서 생기는 속임수에 어떻게 대처하나? 이 질문은 변동성이 크고 양방향 매매가 가능한 선물 거래에서는 가장 중요하게 취급된다. 선물 거래 시 낭패를 맞는 가장 큰 경우이기도 하고, 반대로 이를 잘 식별하여 이용하거나 회피하는 수단으로서 데이터를 축적하여 나가면 오히려 부를 달성하는 지름길이기도 하다.

진입하는 기준가 설정(신호가 확정된 경우)

프로그램 매매 시, 신호의 발생은 바로 매매로 이루어지기 때문에 속임수에 잘 대처해야 한다. 마치 매수추세로 지표가 형성되었다가 매수가 이루어지면, 바로 매도 추세로 전환해 버리거나 그 반대로 매도 추세로 지표가 형성되었다가 매도로 진입하면 바로 매수추세로 전환시키는 현상이 대표적인 속임수인데, 이것은 선물 거래하는 동안 가장 어려움을 갖게 하는 가장 큰 요인이다.

신호 발생 즉시 시장가 진입

- 거래량과 변동성이 큰 미국 개장 시간은 피하여야 한다.
- 그렇지 않으면 시장가 진입 시 과도한 슬리피지로 트레이더가 목표로 한 가격과 너무 동떨어지게 가격이 체결될 수 있으므로 당일의 매매 장세에 맞는 기준 봉으로 선택하여 매매하여야 한다.

❖ 잦은 신호 발생 시

- 만약 극심한 지지와 저항선에 추세의 방향이 결정되지 않고 잦은 신호가 발생한다면 신호 발생 후 자신이 선호하는 지표를 참조하여 어느 정도 기준이 섰을 때 다음 봉의 종가에 진입하는 것도 좋은 방법이다.

❖ 진입 시점의 결정

- 신호 발생 후 3분 봉과 5분 봉을 통한 진입 타점 선정 후, 혹은 볼린저 밴드를 이용하여 상, 하단의 돌파 여부를 확인한 후 진입의 시점을 잡으면 유리할 수 있다.

❖ 트랩 의심하기

- 긴 꼬리 발생이 만들어질 때, 트랩을 의심하여 신호 발생 후 틱봉 차트의 테마선의 추세를 기준으로 대응하는 것도 하나의 방법이다.

❖ 신호 발생에 따른 주의

- 신호 발생 시, 스토캐스틱과 RSI에서 과매수 과매도 시 신호가 발생하였는가 반드시 확인하고 이 경우가 아닌 경우의 신호 발생은 주의하여 진입한다. 과매수, 과매도 구간에서의 신호 발생이 발생하더라도 확인하여 횡보장인 경우 빠른 익절과 손절로 대응해야 한다. "선물 거래는 속임수 차트를 식별해야 살아남는다."

10.1 보조지표 속임수

보조지표의 미러 월드 – 거짓 신호를 보는 눈

카페 거울에 비친 차트가 속삭입니다, "날 믿어"라고. 하지만 현명한 투자자는 거울 너머 숨은 그림을 읽어냅니다. 보조지표라는 마법 도구의 진짜 사용 설명서를 함께 펼쳐보자!

RSI: 지하철 출근 러시의 함정

"과매수 역은 정말 종착역일까?" 아침 8시 신논현역 플랫폼을 생각해보자. 사람들이 미어터지지만, 다음 열차가 오면 또 다른 러시가 시작되듯 RSI 70은 종점이 아니다.

❖ 현장 포착

"RSI 75인데 주가가 계속 오르네?"

→ 차트에 추세선 그리기(계단처럼 올라가는지 확인)

→ ADX 30 이상이면 추세 강화 신호(지하철 급행열차 탑승 중)

→ 1시간 차트와 일일 차트 비교(장기 열차 노선도 확인)

✤ 생존 키트

- ✔ RSI 다이버전스 발견 시
  - 5분간 차트를 거꾸로 뒤집어 보기(옥상에서 바라본 풍경처럼)
  - 최근 3개 고점/저점 연결선 그리기
  - 거래량이 전고점 대비 80% 이상인지 확인
- ✔ 요리사가 소금 간보다 육수 맛을 보듯 본질을 보자!

MACD: 야간 등대의 속임수

"채찍소리가 신호일까? 단순 소음일까?" 바다 안개 속 등대 불빛이 희미하게 깜빡일 때, 진짜 항로인지 환영인지 구분하기 어렵다. 2022년 나스닥이 20일간 횡보하며 보여준 MACD 신호 소용돌이가 그랬다.

✤ 위험 신호

- ✔ MACD 골든크로스 발생 시
  - 히스토그램 높이 측정(파도 높이 확인)
  - 볼린저 밴드 폭 50% 미만이면 관망(안개 낀 항해 중지)

- 4시간 차트에서 200EMA 위치 확인(등대의 진짜 위치)

❖ 실전 매뉴얼

✔ 무의미한 신호 걸러내기

- MACD 교차
- 밴드 상/하단 접촉
- 거래량 50일 평균 이상

✔ 이 3중 체크를 마친 후야 진짜 등대 빛이 된다.

이동평균선: 모래시계의 착시

"10일선이 60일선을 넘었다고? 잠깐만!" 어린이날 인기 장난감처럼 단기 이동평균이 장기선을 넘나드는 모습. 하지만 다음 주면 박스장 속으로 사라질 수 있다.

❖ 현상 분석

✔ 골든크로스 신호 시

- 3중 이동평균(5/20/60일) 계단 형성 확인
- 거래량이 크로스 지점에서 30% 이상 증가했는지
- 전일 대비 변동성 지수(VIX) 움직임 확인

✔ 과자 봉지 공기층처럼 허상인지 확인하라!

✤ 시간 여행 전략

- ▸ 신호 발생 시, 1시간 전 차트로 돌아가기
- ▸ 과거 3회 유사 패턴 찾기
- ▸ 70% 이상 성공 사례면 따라가기

✔ 역사학자가 고문서를 해석하듯 과거를 읽어라!

스토캐스틱: 심야 영화관의 좌석 표

"80% 좌석 점유율이 흥행 보증일까요?" 자정 직전 영화관에 관객이 가득 차도 다음 날 상영관이 바뀌듯, 스토캐스틱 80은 새로운 장면의 시작일 뿐이다.

✤ 노이즈 필터링

✔ 과매수 신호 시

- 21기간 슬로우 스토캐스틱 적용(고속촬영→슬로우 모션)
- RSI 60 이상과 동시 발생 시 경계
- 1시간 차트에서 피보나치 50% 라인 확인

✔ 바텐더가 칵테일을 층층이 쌓듯 정보를 쌓아보라!

✤ 역전 예측법

✔ [예시] %K가 %D를 상향 돌파했을 때

- 5분간 1분 차트 관찰(초단기 트렌드)

- 15분 RSI 55 이상 확인
- 5일 평균 거래량 대비 120% 이상

✔ 3관왕 작품만 선택하는 심사위원이 되자.

볼린저 밴드: 서커스 텐트의 마술

"밴드 탈출은 진짜 자유일까? 새로운 울타리일까?" 서커스 호랑이가 우리를 뛰쳐나가도 결국 훈련사의 지시를 따르듯, 볼린저 밴드 돌파는 새로운 장의 시작이 아닐 수 있다.

❖ 진짜 신호 찾기

✔ 상단 밴드 돌파 시

- 밴드 폭 지표 1.5배 이상 확대 확인
- 4시간 차트 MACD 히스토그램 상승세 동반 여부
- VIX 지수 20 이하(시장 안정 상태) 확인

✔ 마술의 비밀을 찾는 어린이처럼 꼼꼼히 보라!

❖ 스퀴즈 대응법

- ▸ 밴드 폭이 1년 최저치일 때 메모
- ▸ 30분간 5분 차트 관찰(최소 6개 봉 형성)
- ▸ 초기 거래량이 평균 3배 이상 시 진입

✔ 고요한 눈보라 전야를 준비하는 탐험가처럼

합성 전투 매뉴얼

요리사의 조미료 조합처럼 지표를 적절히 믹스하라!

❖ 3단계 검증 시스템

- 1차 스캔: RSI 50 기준선 위/아래 확인(추세 방향)
- 2차 교차 검증: MACD & 스토캐스틱 신호 일치성 분석
- 최종 승인: 볼린저 밴드 폭 + 이동평균선 각도 확인

❖ 실습 프로젝트

✔ 다음 2주 동안 매일

- 1개 종목 선택(예: 나스닥 선물)
- 3개 지표 조합 전략수립(예: RSI+MACD+이동평균)
- 저녁 8시 전략 성과 일지 작성

✔ 정원사가 식물 성장 일지를 쓰듯

보조지표는 투자자가 아닌, 시장이 쓰는 일기장이다. 그 속에 숨은 감정의 흔적을 읽어내는 연습이 필요하다. 이 장을 덮는 순간, 차트에 비친 지표들이 이전과는 전혀 다른 언어로 말을 걸어올 것이다. 커피잔 속 우유 거품처럼 순간적인 신호에 현혹되지 말고, 진짜 맛을 보는 미식가가 되길 바란다.

10.2 경제지표 속임수

차가운 아침 창가에 맺힌 이슬처럼, 경제지표 발표 순간의 시장은 투명하게 보이지만 실상은 복잡한 빛의 굴절을 품고 있다. 백조가 호수 위를 우아하게 미끄러지듯 보이지만 물속에선 필사적으로 발을 젓는 것처럼, 경제지표 발표 순간의 시장은 겉으로 드러나지 않는 힘겨운 싸움이 숨어 있다. 함께 이 신비로운 경제지표의 무도회장을 탐험해보자.

무도회의 초대장 – 주요 경제지표와 그 특징

"벽시계의 시침이 특정 숫자를 가리킬 때, 시장은 춤을 춘다." 오래된 시계탑의 종소리처럼, 정해진 시간에 발표되는 경제지표는 시장의 리듬을 결정한다. 이 초대장의 내용을 미리 알아 두자.

✤ NFP(Non-Farm Payroll 비농업 고용지표)의 월초 왈츠

- 매월 첫 금요일, 저녁 식사를 준비하던 주방에서 타이머가 울리듯 갑작스럽게 발표된다. 환율이 파도처럼 출렁이고 주식이 낙엽처럼 흔들리며 금리 선물이 바람에 날리는 풍선처럼 움직인다.

✤ 소비자물가지수(CPI)의 열정적인 탱고

- 물가라는 척도가 시장의 체온을 측정한다. 금 선물이 반짝이는 별처럼 빛나거나 채권 선물이 가을 나뭇잎처럼 떨어진다.

✤ FOMC의 장엄한 교향곡

- 연준 의장의 지휘봉이 움직일 때마다 달러 인덱스가 롤러코스터처럼 오르내리고 S&P 500이 심장박동처럼 뛰기 시작한다.

✤ GDP와 소매 판매의 계절 메들리

- 경제의 체온을 재는 이 지표들은 원유가 태양 아래 호수처럼 빛나거나 구리가 가을 단풍처럼 색을 바꾼다.

무도회장의 눈속임 - 경제지표 발표 시 속임수

가짜 출구의 미로 - 페이크 브레이크아웃

정원사가 물을 주면 갑자기 피어나는 꽃처럼, CPI 발표 직후 금 선물이 갑자기 피어나듯 움직인다. 하지만 이 꽃은 30분 후에 시들 수 있다.

❖ 현상 관찰하기

- 지지선 아래로 금이 급락하는 모습이 마치 절벽에서 떨어지는 물방울 같다. 단기 매도세가 몰려들어 마치 블랙프라이데이 세일장 같은 혼잡함이 나타난다. 30분 후 마법처럼 반등하여 원래 자리로 돌아간다.

✔ 이것은 스톱로스를 유발해 유동성을 확보하려는 마술사의 속임수이다.

첫 번째 파도 후의 역전 - 초기 반동 후 역전

해변에서 첫 파도에 놀라 뛰어들었다가 더 큰 파도에 휩쓸리는 것처럼, 비농업 고용지표(NFP) 발표 후, 나스닥 선물은 기쁨의 춤을 추다가 갑자기 방향을 바꿀 수 있다.

✤ 현상 이해하기

- 좋은 고용지표에 나스닥이 샴페인 코르크처럼 2% 튀어 오른다. 축하의 포도주 한 잔을 마시는 사이, 금리 인상 우려가 그림자처럼 다가온다. 1시간 후, 파티는 끝나고 모든 상승분이 사라진다.

✔ **뉴스 기반 매수세와 기관의 이익 실현이 만나는 춤의 현장이다.**

헤드라인과 실제 내용의 불일치

책 표지는 화려하나 내용은 평범한 것처럼, 경제지표의 헤드라인은 긍정적이나 세부 내용은 다른 이야기를 들려줄 수 있다.

✤ 세부 내용 읽기

- "고용 증가율 0.3%" 헤드라인이 카페 입구의 화려한 메뉴판처럼 유혹한다. 그러나 실업률 상승과 임금 성장률 둔화는 커피 밑바닥의 쓴 찌꺼기처럼 숨어 있다. 이런 괴리가 장중 변동성의 씨앗이 된다.

✔ **표지만 보고 책을 판단하지 말라, 목차까지 꼼꼼히 읽어보라!**

실전 무도회 생존 가이드 – 7단계 전략

"춤추는 곰들 사이에서 발을 다치지 않는 법"

첫 번째 댄스 스텝 - 발표 전후 30분은 관망

카페 창가에서 비를 피하듯, 변동성이 최고조에 달한 시간대에는 안전한 관찰자가 되자.

✣ 실행 요령

- 발표 30분 전부터 "No Trading Zone" 표지판을 마음속에 세우자. 발표 직후 5~15분은 마치 태풍의 눈처럼 가장 혼란스러운 시간이므로 진입보다는 따뜻한 차 한 잔과 여유롭게 관찰에 집중하라!

✔ 폭풍우 속에 뛰어드는 것보다 창문으로 관찰하는 것이 현명하다.

두 번째 댄스 스텝 - 뉴스의 숨은 키워드 찾기

마법서의 주문을 해독하듯, 경제지표 발표문의 숨겨진 키워드를 찾자.

✣ 해독 방법

- CPI 발표문에서 "Core CPI"를 보물찾기하듯 발견하라. NFP 보고서에서 "파트타임 고용 비중"과 "노동 참여율"이

라는 보석을 찾아보자.

✔ 체스 게임에서 상대의 다음 수를 예측하듯, 시장의 진짜 반응을 예측하라!

세 번째 댄스 스텝 - 변동성에 맞춘 포지션 사이징

폭풍우가 예보된 날 우산 대신 비옷을 준비하듯, 경제지표 발표일에는 포지션 크기를 조절하자.

❖ 안전장치 설정

- 손실 대비에 만전을 기하고 일반 날씨에는 자본의 2%만 비에 젖을 수 있게 허용하고 경제지표 발표일에는 자본의 0.5~1%만 바람에 노출하라.

✔ 겨울 폭풍우 날 얇은 셔츠 대신 두꺼운 코트를 입는 지혜가 필요하다.

네 번째 댄스 스텝 - 지정가 주문의 예술

양초를 미리 준비해두는 정전 대비책처럼, 발표 전에 주문을 설정해두자.

❖ 주문 전략

- CPI 발표 직전, 원유 선물에 두 개의 그물을 던져라. 예를

들면, 지지선 아래 2%에 매수하고 저항선 위 2%에 매도하는 방법으로 말이다.

✔ 어부가 두 개의 그물을 다른 위치에 던져 물고기를 기다리듯 인내하라!

다섯 번째 댄스 스텝 - 역추세 거래 피하기

빠른 강물을 거슬러 수영하지 않듯이, 확립된 추세에 반대로 진입하지 말라.

✣ 추세 확인법

- 5분 차트는 손바닥에, 1시간 차트는 지도에 비유해보라. 손바닥의 선과 지도의 방향이 일치할 때만 여행을 시작하자.

✔ 등산가가 지형도와 나침반을 함께 확인하듯, 여러 시간대 차트를 비교하라!

여섯 번째 댄스 스텝 - 옵션으로 안전망 치기

곡예사가 그물을 설치하듯, 옵션으로 하락 위험에 대비하라. 이것은 옵션에 대해 충분히 학습한 후에 활용하라.

✣ 안전망 설치법

- NFP 발표 전 S&P 500 선물을 샀다면 → 풋 옵션이라는 안

전망을 아래에 펼쳐두라.

✔ 서커스 곡예사처럼 보이더라도, 아래의 그물이 있어야 안심할 수 있다.

일곱 번째 댄스 스텝 - 심리적 트리거 포인트 인식

오케스트라의 리듬 변화를 느끼듯, 시장 심리의 변곡점을 인식하라.

✤ 심리 패턴 읽기

- "소문에 사고, 사실에 팔아라!" 발표 전 기대감으로 상승했다면, 발표 후 이익 실현 매물이 쏟아질 수 있다.
- 금리 인상 시 비트코인이 풍선에서 공기가 빠지듯 자금이 이탈할 수 있다.

✔ 극장 관객처럼 모두가 출구로 몰리기 전에 분위기를 감지하라!

데이터 기반 항해술 – 변동성 관리법

"폭풍우 속에서도 방향을 잃지 않는 항해사의 지혜"

역사적 변동성 지도 그리기

옛 항해사가 별자리를 관찰하듯, 과거 경제지표 발표 시 시장 움직임을 분석하라.

❖ 활용 방법

- 지난 12개월 동안의 NFP 발표일 차트를 모아서 액자처럼 벽에 걸어보자. ATR(Average True Range)을 측정하여 평균 파도 높이를 예측하자.

✔ **오래된 여행일지를 참고하듯, 과거의 패턴에서 미래를 읽어내자.**

임팩트 예측 도구 활용

일기예보를 확인하듯, 경제지표의 예상 영향력을 미리 점검하자.

❖ 정보 수집법

- Forex Factory 캘린더의 별점(★)을 가을밤 별자리 관찰하듯 주시하라. 별이 많을수록 파도가 높아질 준비를 해라.

✔ **등산가가 일기예보를 확인하듯, 변동성 예보를 미리 체크 하라!**

VIX 지표 모니터링

바다의 파도 높이를 측정하듯, 시장의 공포 수준을 측정하라.

❖ 위험 신호 감지

- VIX가 25를 넘어서면 빨간 등댓불이 켜진 것으로 생각하라. 폭풍이 예상될 때는 항구에 머무르는 것이 현명하다.

✔ 바다가 거칠 때는 작은 배로 나가지 않는 어부의 지혜를 배우라!

심리 전쟁에서의 명상법

"욕심과 두려움이라는 두 마리 말이 끄는 마차를 통제하는 법"

FOMO(Fear Of Missing Out 고립공포감) 극복하기

아이스크림 가게 앞을 지나는 아이처럼 유혹에 흔들리지 말라. 발표 직후의 움직임은 환상일 수 있다.

❖ 마음 다스리기

- 발표 직후 시장이 춤추는 모습을 호숫가의 일몰처럼 감상만 하자. "놓칠까 봐"하는 두려움이 밀려올 때, 차 한 잔의 여유를 가지자. 명상하는 수도자처럼 호흡에 집중하며 첫 15분을 견뎌보자.

✔ 사막의 신기루처럼, 처음 보이는 움직임은 환상일 수 있다.

루머의 정원에서 길 잃지 않기

소셜 미디어의 시끄러운 소리는 숲속의 바람 소리처럼 방향을 혼란스럽게 한다.

✤ 정보 필터링

- SNS에서 "이번 NFP는 확 올라간다"는 예언은 길거리 점쟁이의 말처럼 받아들여라. 분석 없는 추측은 99%가 안개 속의 속삭임일 뿐이다.

✔ 정원사가 잡초와 꽃을 구분하듯, 정보와 소음을 구분하자.

청산 구간 지도 그리기

보물 사냥꾼이 위험한 함정을 표시하듯, 청산이 일어날 수 있는 가격대를 미리 파악하라.

✤ 함정 피하기

- 청산지도(Liquidation Heatmap)로 많은 트레이더들의 스톱로스가 모여있는 구역을 확인하자. 이 구역은 마치 얼음 호수의 얇은 부분처럼 위험할 수 있다.

✔ 등산가가 위험한 계곡을 피해 안전한 경로를 찾듯, 청산 구간을 피해 거래하라!

생존 훈련 일지 - 백테스트와 데이터 수집

"과거의 춤을 분석하여 미래의 리듬을 예측하는 법"

경제지표 이력서 작성하기

골동품 수집가처럼 과거 경제지표 발표 차트를 수집하라.

❖ 실행 방법

- 지난 12개월간의 NFP 발표일 차트를 디지털 스크랩북에 모으자. 각 차트에 발표 전후 1시간 동안의 패턴을 메모하고, 그리고 날씨 다이어리처럼 반복되는 패턴을 찾아내라.

✔ 식물학자가 꽃의 개화 패턴을 기록하듯, 시장 반응의 패턴을 기록하라.

나만의 경제지표 사전 만들기

요리사가 레시피 북을 만들듯, 각 경제지표별 특성을 정리하라.

❖ 사전 구성

- CPI 페이지: 코어 인플레이션에 가중치 두기
- NFP 페이지: 임금 상승률이 고용 숫자보다 중요할 때가 있다. 각 지표마다 내가 경험한 특이 사항을 일기처럼 기록하라.

✔ 식물학자의 식물도감처럼, 각 지표의 특성과 영향을 분류하라!

경제지표 무도회의 최종 춤사위

"이 춤은 생존을 위한 것, 완벽함을 위한 것이 아니다."

인내의 왈츠

정원사가 씨앗을 심고 기다리듯, 때로는 아무것도 하지 않는 것은 최선의 전략일 수 있다.

실천 방법

- "확신이 없으면 참아라!"라는 문구를 향초처럼 책상 위에 두자. 불확실할 때는 현금이라는 안전한 항구에 머무르라. 백만장자가 되려다 천만장자를 잃지 말라.

▸ 바둑 고수가 한 수를 두기 전에 깊이 생각하듯, 진입 전에 충분히 고민하라!

나만의 우위(Edge) 찾기

자연 속 각 동물이 자신만의 생존 전략을 가지듯, 시장에서도 자신만의 우위를 찾아야 한다.

❖ 우위 개발

- 특정 지표(예: CPI)에만 집중하여 전문성 키우기
- 특정 시간대(예: 유럽 세션)만 거래하여 패턴 파악하기
- 특정 자산(예: 금 선물)의 반응만 추적하여 깊이 이해하기

✔ **올빼미가 밤에, 독수리가 낮에 사냥하듯, 자신에게 맞는 전략을 찾아라.**

경제지표 발표 시장은 밤하늘의 별자리처럼 복잡하지만, 패턴을 찾아낼 수 있는 아름다운 수수께끼이다. 기관과 개인의 심리전이 펼쳐지는 이 무도회장에서, 당신은 춤추는 사람이 아닌 음악을 작곡하는 사람이 되어야 한다. 내일의 경제지표 발표를 앞두고, 이제 당신은 혼란스러운 박자 속에서도 자신만의 리듬을 찾아낼 준비가 되었으리라 믿는다. 커피 한 잔과 함께, 시장의 파도를 관찰하며 차분히 기회를 기다리자.

10.3 거래량 속임수

바리스타가 커피 위에 그리는 라떼아트(Latte Art)처럼, 차트 위의 거래량은 아름답지만, 때론 현혹적인 그림을 그린다. 촛불 그림자가 벽에 춤추듯 움직이는 모습처럼, 거래량 패턴은 진실과 환상 사이에서 흔들리다. 함께 이 빛과 그림자의 세계를 탐험해보기로 하자.

바다의 거짓 파도 – 펌프 앤 덤프

"해변에서 갑자기 솟구치는 파도, 그 뒤로 모래성이 무너지는 소리" 봄날 해변에서 본 풍경을 떠올려보자. 평온한 바다가 갑자기 솟구쳐 올랐다가, 휩쓸려 들어온 구경꾼들이 발만 적시고 허탈하게 돌아가는 모습. 이것이 바로 펌프 앤 덤프의 현장이다.

✣ 현상 읽기

- "비트코인 거래량이 갑자기 300% 급증했어요!" 냄비에 갑자기 물이 끓어오르듯 거래량이 폭증할 때, 먼저 불 아래 손을 대보자.
- 뉴스 확인 - 진짜 호재가 있는가?
- 가격 변동과 거래량 비교 - 작은 가격 변동에 거래량만 폭증하는가?
- 1시간 후 다시 확인 - 이미 -15% 하락 중인가?

✣ 생존 요령

- 안개 속을 걷는 등산객처럼 신중하게 움직이자
- 전체 자금의 30%만 첫 신호에 투입, 70%는 확인 후 결정

✔ 요리사가 소스의 맛을 보고 더 끓이듯이 말이다.

유리 다리의 함정 – 스톱 헌팅

"4,500포인트라는 유리 천장이 갑자기 균열을 내며 부서지는 소리" 유명 관광지의 유리 다리를 걷는 기분을 상상해 보자. 모두가 조심스럽게 걷다가 갑자기 균열음이 들리면 달아나듯, S&P 500이 중요 저항선에서 보여주는 거래량 급증은 함정일 수 있다.

✤ 위험 신호 읽기

- 차 안에서 도로 앞 장애물을 감지하듯 차트를 읽어라.
- 주요 지지/저항선 2% 이내에서 거래량 폭발: 스탑로스 사냥꾼의 신호인가?
- 돌파 직후 캔들 모양 확인: 윗꼬리가 길게 형성되는가?

✔ **건축가가 기둥 강도를 계산하듯, 지지선 2% 아래에 안전 손절선을 그어두라!**

✤ 실전 대응법

- 지금이 S&P 500, 4,500선 돌파 순간이다. 정원사의 일기장처럼 다음을 기록하자.
  - 첫 돌파 시 관망만
  - 돌파 30분 후 재확인
  - 돌파가 유지되면 50% 진입
  - 다음날까지 유지 시 나머지 50% 투입

✔ **바이올리니스트의 활 놀림처럼 신중하게 타이밍을 잡아보아라.**

황혼의 유혹 – 엔딩 볼륨

"금요일 장 마감 10분 전, 노을빛처럼 아름답지만 짧은 거래량의 환상!" 번화가 백화점의 폐점 직전 풍경을 상상해보자. 마감 세일을 알리는 방송과 함께 갑자기 몰려드는 고객들, 하지만 다음 날 아침엔 평소보다 더 조용한 매장이 된다.

✣ 황혼의 법칙

- 장 마감 30분 전이 되면 커피잔을 책 위에 올려놓듯 거래 버튼에서 손을 떼기, 차트 대신 창밖 풍경 감상하기, 마감 직전 원유 선물이 3% 상승해도 내일 아침까지 기다리기.

✔ 고요한 호수에 돌을 던지지 않는 현자처럼 관망하라!

✣ ■ 아침의 슬기로운 대응

- "노을에 현혹되어 진입"했다면, 아침 햇살이 비칠 때 냉정하게 판단하기
- 개장 후 15분은 차트만 관찰 - 실행은 하지 않기
- 전날 마감 직전 움직임과 반대 방향으로 4% 헤지 준비

✔ **정원사가 아침이슬을 기다리듯 참을성을 가지자.**

달력의 미스터리 – 롤오버와 만기일의 환상

"달력이 넘어가는 소리와 함께 사라지는 거래량의 그림자!" 동화 속

신데렐라의 마법이 자정에 풀리는 것처럼, 선물 시장의 거래량은 만기일이 다가오면 마법처럼 변한다. 금 선물이 만기 3일 전 보여주는 고요함은 폭풍 전의 고요일 수 있다.

❖ 달력 읽기

- 도서관에서 책장을 넘기듯 거래소 달력을 유심히 살피자.
- 선물 만기 3일 전부터는 거래량 감소를 당연하게 받아들이기
- 옵션 만기일(매월 셋째 금요일)은 차트를 십자수 놓듯 주의 깊게 관찰하기

✔ **철학자가 사색하듯 시장의 리듬을 느끼자.**

지표의 연주회 – 거래량 지표별 함정과 탈출구

커피 전문가가 원두의 향을 음미하듯, 각 거래량 지표의 독특한 특성을 이해해보자.

OBV의 달콤한 속삭임

가격은 내려가는데 OBV(On-balance Volume)가 올라가며 속삭인다. 곧 반등할 거야! 피아니스트의 왼손과 오른손이 다른 멜로디를 연주하듯, OBV와 가격의 불일치는 판단을 어렵게 한다.

✤ 진실 찾기

- OBV를 20일 이동평균과 함께 두고, 마치 차와 찻잔처럼 어울림 확인
- RSI가 30 이하로 내려가고 OBV가 상승할 때만 반등 신호로 인정

✔ 요리사가 두 가지 재료의 조화를 확인하듯 판단하라!

거래량 오실레이터(Volume Oscillator)의 환상

"진동하는 지표가 마치 파도처럼 밀려오지만, 바다는 잔잔하다." 꽃시계의 시침이 돌아도 실제 시간이 변하지 않듯, 거래량 오실레이터가 움직여도 실제 추세가 없을 수 있다.

✤ 현실 확인

- ADX 지표로 추세의 강도를 측정 - 25 이하면 추세 없음
- 볼린저 밴드가 수축하는 구간에서는 거래량 신호를 의심

✔ 도서관에서 책을 고르듯 신중하게 지표를 선택하라!

실전 트레이더의 비밀 노트

밤하늘의 별자리를 찾듯, 진짜 거래량 신호를 찾는 법을 배워보자.

3중 보안 시스템

산속 보물상자를 여는 것처럼 세 가지 열쇠가 필요하다.

첫번째 문

- 거래량 신호: 3일 연속 증가하는가?

두번째 문

- 차트 패턴: 상승 삼각형? 하락 플래그?

세번째 문

- 기본적 분석: 실제 이벤트나 뉴스가 있는가?

✔ **세 개의 문이 모두 열릴 때만 보물상자(포지션)를 열어보라!**

시간의 지혜

시계공이 시계 부품을 조립하듯 시간대별 특성을 이해하라.

아침의 황금시간

- 미국 장 개시 후 첫 1시간(9:30~10:30 EST)의 거래량은 마치 아침 햇살처럼 선명하다.

점심의 그림자

- 12:00~1:30 EST의 거래량은 카페 테라스의 흔들리는 그림자처럼 신뢰하기 어렵다.

거래량의 진짜 목소리

"단 하루의 외침보다 3일의 속삭임이 더 진실하다." 오케스트라의 연주가 한 악기의 소리보다 진실하듯, 지속적인 거래량 증가만이 진정한 추세를 말해준다.

❖ **단일 캔들의 거래량 폭증**

- 90% 환상

❖ **3일 연속 거래량 증가**

- 진정한 추세의 시작

마음의 정원 가꾸기

거래량의 춤에 휩쓸리지 않는 마음의 정원을 가꾸는 법을 배워보자.

명상의 질문

매매 버튼을 누르기 전, 호숫가에 앉아 물결을 바라보듯 3가지를 자문하자.

- 왜 하필 지금 거래량이 증가했는가?
- 누구의 이익을 위한 움직임인가?

- 이 신호를 3일 후에도 신뢰할 수 있는가?

요가 강사가 호흡을 느끼듯 차분하게 답해보자.

방어의 벽

정원사가 울타리를 세우듯, 방어 시스템을 구축하라.

1차 방어선

- 손절매 라인을 운전석 거울에 붙이듯 항상 눈앞에

2차 방어선

- 포지션 크기를 반으로 나누어 첫 신호에 50%만 투입

최후의 방어선

- "단일 거래량 폭증은 의심하라"는 문구를 모니터에 부착

거래량의 파도는 항상 "나를 믿으라"라고 속삭인다. 하지만 현명한 트레이더는 그 속삭임 뒤에 숨은 바다 깊이의 암초를 읽어낸다. 이 장에서 배운 것은 거래 기술이 아니라, 시장이 펼치는 거대한 연극에서 자신의 역할을 찾는 법이다. 내일 아침, 커피잔에 비친 차트 모양이 전혀 다른 이야기로 다가올 것을 약속한다.

11

쉬어 가는 지혜

극심한 횡보장일 경우

전날에 강한 추세가 형성된 후 전일의 고점과 저점에서 폭이 좁은 구간[21]에서의 횡보가 심할 때는 잦은 매매로 거래 수수료와 슬리피지 등으로 이익보다 손실이 크게 된다. 극심한 횡보장이라고 하는 경우는 반드시 수식적으로 정리가 되어야 기준을 잡고 신호를 발생시키는 데 도움이 된다.

장, 단기 이동평균선이 충돌하거나 교차할 때, 추세의 상승이 전환되어 약세가 된 ADX의 변화, 라운드 피겨 부근, 확장된 볼린저 밴드가 축소되는 부근, 일목균형표에서 선행되는 구름의 두께가 두껍게 형성되어 매물대가 많은 구간 등이 극심한 횡보장이라고 할 수 있다.

폭이 큰 도지 봉이 출현할 때

거래량이 많은 시간대에 큰 폭의 도지 봉이 출현한 경우, 잠시 매매를 쉬어 가길 권장한다. 익절과 손절 폭을 가늠하기 어려울 뿐만 아니라 손절을 설정한 경우, 이익 실현 전에 반복적인 잦은 손절로 큰 손실을 보기 때문이다. 도지 봉이 지나가고 매수나 매도의 방향 추세가 안정화되었을 때 운용하는 것도 좋은 전략이라 할 수 있다.

21 폭이 좁다는 말이 추상적이어서 트레이더 자신이 선호하는 거래 성향을 고려하여 그 폭의 기준을 설정하는 것이 중요함. 필자의 경우는 고점과 저점 사이가 200포인트를 기준으로 폭이 좁은 상태라고 함.

지표 발표나 외부의 큰 이슈가 있을 때

지표 발표나 외부 영향요인에 큰 이슈가 있을 때는 변동성이 너무 크고 거래량이 많아 거래가 원하는 대로 이루어지지 않을 수 있다. 시장가로 주문을 내었음에도 자신이 예측했던 가격으로 체결되지 않아 발생하는, 소위 슬리피지로 인한 손실이 증권사의 실시간 데이터에서 자주 발생하게 된다. 물론 증권사는 이러한 내용을 고지하고 위험 요소를 알려 주지만 이를 최대한 방지하기 위해선 트레이더들의 주의와 집중이 필요하다.

주요 지표 발표내용은 해당 증권사의 HTS 화면에서 투자정보를 안내해주는 창에서 주요 경제지표를 참조하기를 바란다.

거래량이 적은 경우

주로 개장 후 유럽 장이 개시되기 전까지는 특별한 사유가 없는 한 거래량이 많지 않다. 따라서 이 시간에는 거래를 피하고 굳이 거래한다면 긴 봉(30분 이상)으로 거래를 최소화하는 것이 바람직하다. 거래량이 적을 때 진입하면 차트를 임의로 만들고자 하는 세력들이 있어 그들의 공격 대상이 되기 때문에 매매가 꼬일 수 있다.

지지와 저항이 큰 지점에 위치했을 때

이전에도 설명했지만 여러 이동평균선이 모두 모이고 (또는 꼬인다고 표현하기도 함) 사등분선 상의 저점과 고점, 매수와 매도가 팽팽히 맞서는 세력선 부근에 종가가 위치하고 횡보하고 있다면, 관망 후 사등분선 상의 중심이나 고점, 저점이 확실히 돌파된 후 거래를 재개하여야 한다. 물론 돌파하기 전 진입하면 큰 익절을 기대할 수 있지만 반대 방향 추세 발생 시 큰 손실이 발생할 수 있다. 선물 거래의 가장 위험한 요소는 예측 매매이다. 장을 이해하기 힘든 상황에서는 잠시 쉬어 가는 것도 매매의 일종이다.

에필로그

양창수

50대 중반을 넘어서면서 살아온 인생에 대해 돌아볼 기회가 있었다. 나의 유년 시절과 대학 때까지의 삶은 너무나 드라마틱해서 어떤 연출가나 감독도 상상하기 힘든 질곡의 삶이었다. 마치 한편의 대하소설처럼 파란만장하게 살아왔기에 스스로 돌아보기만 해도 울컥할 때가 많았다. 물론 모든 개인은 나름의 인생이 그렇겠지만.

어쨌든 질곡의 세월을 헤쳐 내가 스스로 밤하늘을 편하게 바라보며 웃을 수 있었던 건 대학을 다니면서 공군 ROTC가 되어 공군 소위로 임관하여 부임지에 배속되었을 때였다. 장교 숙소에서 바라본 하늘이 어쩌면 그리 맑고 편안했는지 모른다. 이후 전역하고 대기업에 취업했다가 대리로 진급하면서 바로 퇴사하였다. 야생에서 자란 야생성으로 인해 편안한 대기업의 환경이 안 맞아서 그랬다고 핑계 대어보지만, 기실 내겐 더 큰 욕심이 있어서였다.

회사를 그만두기 전에 무엇을 할 것인가를 미리 준비해야 함을 당연했겠지만 그러기엔 이미 맘을 먹은 이상 더 이상 버틸 수가 없었다. 그래서 "미리 멍석부터 깔아 놓고 무엇을 할 것인지 나중에 생각하자"라는 심정으로 고액 연봉이 주는 빠져나오기 힘든 늪을 일단 벗어나고야 말았다.

이때부터 난 평범한 것보다 남다른 무언가를 갈구했던 것이 평생을 좌우하게 되었다. 이후 제조업에도 뛰어들어 '정전기를 이용하여 둘둘 말아 들고 다니는 화이트보드'를 만들어 전 세계 유일한 특허 취득에 이어 수출까지도 하였다.

여러 비즈니스를 거치면서 대부분 사업가가 겪게 되는 성공과 실패를 맛보며 50 중반이 되었다. 돌아다닌 해외의 국가와 도시가 여권을 빼곡히 채워져 갱신을 거듭해야 했으리만큼 글로벌 비즈니스에 대한 호기심이 너무나 강했다. 그러던 내게 코로나19라고 하는 전대미문의 팬데믹 전염병으로 하늘길이 막히면서 나의 삶이 정리되고 있었다.

오랜 기간 준비해온 온라인 글로벌 비즈니스인 '콘베'라고 하는 플랫폼을 일본 오사카에 세운 법인에서 사업을 본격적으로 시작해 나가려 하는 중에 팬데믹 사태로 하늘길이 막혀 결국 오픈도 제대로 못 하고 2년 동안 기다리던 오사카 법인을 취소하게 되었다. 그 사이 발이 묶여 오도 가지도 못한 상황에서 선물 거래 시스템 트레이딩을 준비하게 된 시기가 이때였다.

팬데믹으로 잠시 손을 놓고 있던 내게 친형처럼 따뜻했던 형님의 소개로 선물 거래를 위한 차트를 판매하게 되었다. 내가 이것에 관심을 끌게 되었던 것은 대기업을 다니던 때 우연히 만난 군 재직 시 친했던 후배 장교와의 만남에서 시작된다. 그 후배는 모 증권사 시황을 맡고 있다가 우리나라에 최초로 선물 거래가 시작되면서 내게 선물투자를 권유하여 처음으로 선물에 투자했던 경험이 이 이야기의 시작점이 된다.

당시 말도 안 되는 소액으로 큰 이익을 보면서 "뭐 이런 게 다 있나?"하고 증액하여 투자하던 중 전대미문의 IMF 사태로 깡통 계좌를 체험하면서 선물투자의 두려움을 안고 공황이 되었던 적이 있다. 이러한 이유가 발단되어 그 후배와 선물 시스템 트레이딩을 준비하여 많은 학습을 하였던 적이 있다.

한국에서는 90년대 후반만 하더라도 컴퓨터를 통한 시스템 트레이딩이 미천한 시기라 고작 우리가 할 수 있는 시스템 트레이딩은 진입과 청산을 정해진 규칙(rule)에 따라 결국 사람이 작동해야 하는 것이었다. 단지 리스크 매니저를 정하여 어떤 경우에도 룰에 의해 리스크 매니저가 청산에 임하는 정도의 시스템 운영이었다. 하지만 백테스트 하기엔 시간상으로 너무 부족한 데이터들이었다. 결국은 인간 개인의 감정에 의해 세웠던 기준과 전략이 늘 수정되어야 했던 불확실한 매매시스템이었다는 한계를 인정하고 그 이후는 완전 손을 놓았다.

이런 경험이 있는 내겐 소위 '수익을 낼 수 있는 기발한 차트'라는 소리가 공허하게 들렸지만, 호기심 마왕인 내가 그것을 거부할 리 없었다. 난 수익보다 리스크가 더 염려되는 선물을 경험했기에 이를 판매하기 전 한 달만 체험을 해 본 후에 이를 판매할지, 하지 않을지에 관해 결정하기로 하고 그다음 날부터 이 차트의 검증에 들어갔다.

이 차트를 개발한 이의 주장대로는 꽤 일리가 있었다. 진입과 청산에 대한 정확한 논리가 있었고, 이대로 한다면 꽤 승률이 높을 것이라는 건 예상하였다. 미국 나스닥지수선물거래가 한국시간으로 밤 11시 30분(서머타임 적용 때엔 밤 10시 30분)에 개장되었다. 나의 일상은 이때부터 밤낮이 없어지게 되었다. 지금은 잘 적응하고 있지만 그때는 어찌 그리 졸리던지 졸면서 모니터를 보았던 일이 많았다.

이 차트의 원리는 정해진 진입 조건이 되면 차트에 시그널이 표시되고 이때 매수나 매도 포지션을 취하고 청산 조건이 되면 청산하는 어찌 보면 간단했다. 처음에는 꽤 수익을 잘 내는 데이터가 형성되었고 이 차트에 대한 신뢰감이 형성되었을 무렵 엄청난 속임수(흔히 '트랩'이라고 함)에 작게 쌓아 올린 수익이 일시에 손실로 바뀌는 경험을 자주 하게 되면서 소위 뇌동매매에 빠지게 되었다. 심지어 차트의 진입 조건이 속임수에 무너지면서 신뢰가 깨지자 손실을 복구하고자 쓸데없이 마구잡이 진입과 청산을 하며 수수료로 손실을 보기도 했다.

더욱이 매일 밤 반복되는 매매로 체력의 한계가 와 졸면서 매수, 매도 주문하고 있었고 심지어는 매수를 눌러야 하는데 매도 버튼을 눌러 버리는 어이없는 일이 반복되었다. 게다가 이런 실수로 인한 손실 복구를 위해 뇌동매매에 빠지면서 다시 한번 과거에 겪었던 선물거래의 공포가 찾아들었다. 결국 한 달 동안 꼬박 밤을 새워 가며 테스트한 이 차트로 인한 거래는 내가 판매하기에 자신이 없어 포기 의사를 밝혀야 했다.

이후 난 스스로 이 경험을 무산시키지 않기 위해 유튜브와 관련 서적을 파헤치며 잠자는 시간 외엔 모든 시간을 할애하면서 1년을 모의투자를 통해 하루에도 엄청난 거래를 하며 많은 밤을 새워 지냈다. 나의 전략은 수많은 시행착오를 겪으면서 하나의 소실점으로 응집되고 있었다. 유튜브를 통해 얻은 여러 정보와 관련 도서를 탐닉하면서 얻게 된 많은 정보, 그리고 외부의 경제 뉴스 등이 결국 매매의 중심점을 더 혼란스럽게 하고 있었다는 것을 말이다. 즉, 내가 아무리 뛰어난 지혜를 가지고 매매하더라도 결국은 인간의 한계에서 지속해서 성공적인 거래를 할 수 없음을 깨닫고 이를 알고리즘화하여 자동 매매시스템을 만들어야겠다고 작심한 것이다.

결국 난 작은 오피스텔을 얻어 지인들과의 모든 연락을 최소화하고 두문불출하면서 절간에서 고시 공부하듯 이 선물 거래 시스템 개발에 몰방하였다. 이때 나와 같이 이 시스템을 위해 헌신해준 김가별님에게 진심으로 감사의 말을 전한다. 운명적으로 만난 그도 나보다 더 어려운 어린 시절을 극복하고 지금은 누구도 흉내 내지 못할 개발자로 열심히 살아가는 전문가다. 내가 오사카에서 시작하려 했던 온라인 글로벌 플랫폼을 개발할 때 같이 했던 동료였다.

사업의 경험이 많았던 미래 비즈니스에 대한 내 생각에 그가 공감하게 되었고, 그는 회사에 재직 중이었음에도 미래를 위한 부업거리라고 여기며 밤잠을 줄이고 내가 기획한 전략을 프로그래밍화 하는 임무를 맡았다. 나도 많은 프로그래머를 경험했지만, 가별 님의 천재성은 언제나 칭찬해도 부족함이 없었다.

좁은 공간에서 숙식을 같이하며 내가 엉뚱하고 귀찮은 정도의 전략을 기획해서 넘겨주면 불평도 있을 법한데 말없이 내가 구상한 이상의 프로그래밍을 구현하여 주어서 난 순조롭게 내가 꿈꾸고자 하는 자동 매매시스템을 완성 시켜 나갈 수 있었다. 진정으로 내가 감사하고 아끼는 김가별 님에게 다시 한번 깊은 인사를 드린다. 그리고 이 알 수 없는 도전을 무한 신뢰를 두고 물심양면으로 지원을 아끼지 않은 나의 벗 박용화 교수와 유니퓨처스(UniFutures) 대표님, 오랜 항해 동안 묵묵히 응원하여 준 가족들에게 감사의 마음을 전한다.

비로소 내가 독자들에게 자신 있게 이야기하고자 하는 것은 무조건 '시스템 트레이딩을 구축하라'이다. 만약 이것이 준비되지 않는다면 선물투자는 아예 꿈도 꾸지 말라는 결론이다. 나는 많은 세월을 1인 비즈니스가 얼마나 힘든 것인지를 체험하면서 이런 경험을 반드시 알려주어야 한다는 생각이 들었다. 이런 조언이 또다시 시행착오를 겪어야 할 많은 이들에게 조금이라도 도움이 되었으면 하는 바람이다.

창업을 앞둔 사람들은 무한 경쟁에 뛰어드는 불나방 같은 존재이다. 아이디어와 자본, 인력, 시기, 운(運)이 모두 겸비되어야 하고 상품의 라이프사이클, 감가상각, 상대 제품과의 경쟁, 후발주자와의 경쟁에서 항상 대비하고 이겨내야 하기 때문이다. 내가 디지털노마드가 되어야 하겠다고 다짐한 배경이 바로 그런 연유이다. 즉, 내가 감당할 크기만큼의 비즈니스를 하면서 직원을 둘 필요도 없고, 사무실도 필요 없고, 후발주자의 추격도 필요 없이, 인터넷과 모바일만 있으면 세계 어디서나 수익을 가지며 살아갈 수 있는 나만의 비즈니스를 반드시 만들어야겠다고 다짐하고 또 다짐했던 것은 수많은 비즈니스를 경험하며 축적한 나만의 경험이 재산이었기 때문이다.

필자가 지인들에게 늘 하는 이야기가 있었다. "주식이나 선물로 돈을 많이 버는데 그 비법을 남에게 왜 알려 주겠나?" 주식이나 선물을 주도하면서 수익을 많이 주겠다고 하며 유인하는 업체들에 조심하라 했던 이유는 정상적인 업체보다 사기를 주업으로 하는 불법 업체들이 많았기 때문이다. 나는 독자들에게 돈을 많이 버는 특별한 전략을 주어서 현혹하자는 것이 아니다. 이 책을 계기로 충분히 공부해서 잘 준비된다면 오히려 리스크가 두렵다는 선물투자로 성공할 수 있을 뿐만 아니라 안전한 부업으로 연금 보조 수단을 삼을 수 있다는 확신이 있기에 두려워만 하지 말고 시도하여 보라는 용기를 주고자 하는 데 있다.

거창하게 들릴지 모르지만, 필자는 대기업을 나온 이후 벤처기업인으로, 유통인으로, 제조업 등 여러 일을 경험하면서 반복된 성공과 실패를 경험한 진실 어린 조언이다. 해외선물투자를 한다는 것은 여러 가지 면에서 이런 형국의 우리 사회구조에서 반드시 숙고해 보아야 할 산업 분야라는 것이다. 그래서 한국이 싱가포르나 홍콩처럼 금융의 허브가 되어야 할 필요가 있다고 본다. 한때 한국은 비트코인이 생겼을 때, 마치 코인의 성지처럼 전 세계를 선도하는 국가가 되었던 적이 있었다. 그것은 한국인의 "빨리빨리" 정서와 세계적인 IT 기반의 구조가 그렇게 만들었던 것이었다. 그러나 법적, 제도적인 지원이 늦어지면서 결국 한국은 미국, 중국, 일본에 오히려 뒤처지는 코인 산업으로 추락했었다. 싱가포르와 홍콩도 아주 작은 도시국가지만 높은 GDP를 달성하고 있는 이유는 금융 국가로의 변신이 있었기 때문이다. 싱가포르 성공 요인은 전략적 위치와 자유무역 정책으로 무역·물류 기반을 확립하였고 외국인 친화적 규제와 낮은 세율로 글로벌 자본 유치, 정치적 안정성과 투명한 거버넌스로 신뢰 구축, 교육·기술 투자를 통한 지식 기반 경제 체계 구축, 아시아 경제 성장을 실시간으로 활용한 타이밍에 있었다. 이러한 다각적 전략이 오늘날 싱가포르를 "동양의 스위스"이자 "아시아의 월스트리트"로 만든 핵심 동력이다.

필자가 싱가포르의 경우를 굳이 언급한 것은 장기적으로 우리가 살아가야 할 한반도의 미래에 대해 잠깐 고민해 보자 한 것이다. 세계 경제는 더 이상 이념을 앞세운 동맹으로 결합하던 시대가 아닌 자국 중심의 보호 무역 체제로 강화되고 있다. 즉 향후의 세계 경제 질서는 도덕적이지도, 이념적이지도 않은 강자와 약자의 대결로 치닫게 되는 경제 제국주의로 나아가고 있다는 것이다. 이런 경제 체제하에서는 가장 필요한 것이 자원과 국력, GDP, 내수경제를 통한 자국 경제 보호이다. 즉, 힘이 센 자가 힘이 약한 자를 겁탈하는 약육강식의 경제 체제로의 전환이 이루어진다는 것이다. 이러한 글로벌 경제의 변화를 심각하게 받아들이고 국가는 물론 각 개인도 이에 대한 대책을 만들어야 할 것이다. 개인이 무슨 글로벌 경제하고 관련이 있겠는가? 하고 반문하는 이도 있겠지만 지금은 통신과 운송 수단의 발달로 전 세계가 동일 경제권으로 이루어진 지 오래라는 것이다.

예를 들어 어젯밤의 금과 오일, 달러, 미국 금리가 변동하면 바로 오늘 아침에 개인의 지갑과 연결되듯이 이제는 글로벌 경제에 대한 대책과 경쟁력이 없이는 개인도 무관할 수 없다는 것이다. 그렇다면 싱가포르가 경제 대국과 경쟁에서 상대적으로 열악할 수밖에 없는 제조업 기반의 산업구조에서 부가가치의 핵심인 금융중심지로의 전환 속에 높은 성장을 하게 되었다는 것은 깊이 생각해 볼 필요가 있다.

거창하게 세계 경제를 앞세우고 국가와 민족의 미래를 이야기 한 것 같지만 사실 나는 힘 없고 기득권에 들어가지 못한 일반 개인들에게 조언하는 것이다. 힘 있고 이미 기득권을 형성한 이들과 기울어진 운동장에서 경쟁해 생존하기 위해 어떻게 해야 할 것인지에 대한 방법을 전달하고 있다. 자본금 1억을 가진 개인과 1,000억을 가지고 있는 개인이나 기업과 어떤 사업을 하든지 동등한 경쟁 기회가 있겠는가? 정년이 되어 퇴직한 이들이 향후 수많은 경제 전쟁터에서 무슨 수로 더 나은 경제생활을 영위할 수 있겠는가? 단지 퇴직금과 어느 정도의 연금으로 무탈하게 생을 지내야 하는 상태에서 과연 개인 리스크에 대비할 수 있겠는가?

선물 거래를 통한 부의 창출은 오히려 안전하고 지속적인 개인의 경쟁력을 담보할 수 있다. 무조건 두려워하거나 피하지 말고 열심히 공부하는 개인들이 되어 싱가포르의 예를 개인 각자의 상황으로 벤치마킹해 보자. 즉, 개인이 경쟁해도 성공 가능성이 있는 부가가치가 높은 개인 경제 구조를 갖기를 바란다. 그래서 만약 한국이 과감하게 글로벌 금융 중심 국가로 전환된다면 밝은 미래를 향유할 수 있으리라 확신한다. 그래서 필자는 지금이라도 작은 외침이 되어서 매일 수조 달러가 거래되는 글로벌 선물투자 시장에 우리의 후학들이 도전해서 이 어려운 국가적 위기의 산업구조에서 개인도 부자가 되고 국가도 부자가 되는 하나의 방법을 조심스럽게 제시하고자 이렇게 책을 쓰게 된 것이다.

단지 '돈을 벌어보자'란 막연한 구호도 좋겠지만 필자와 생각을 같이하는 후학들이 많이 생겨나 하나의 밀알이 된다면 이 책을 쓰게 된 작은 성과가 아닐까 소원하며 이 글을 마무리하고자 한다.

부록

1. 초보자에게 유용한 추천 콘텐츠

여기에서 소개되는 유용한 콘텐츠는 필자가 충분히 검증한 것들이다. 소개되는 이들은 한결같이 우수한 내용들을 만들고 이를 전하는 데 최선을 다하고 있다. 이들은 선물투자에 대한 체계적 교육 시스템이 거의 없는 대한민국에서 나름대로 후학들을 위해 자기 경험과 지식을 사심 없이 전하려고 노력하고 있다. 이 책을 통해서 그분들에게 진심으로 감사의 마음을 전한다. 초보나 중급 트레이더들에게 아주 유용한 정보가 되리라 확신하여 강력히 추천하는 것으로 어떠한 상업적 계약이나 광고성으로 홍보하는 것이 아님을 밝힌다.

채널K by 키움증권 / 신창환의 일목균형표

키움증권에서 제공하는 유튜브 채널로 증권사에서 제공하는 여러 콘텐츠들을 볼 수 있으나 특별히 소개하는 전문가는 신창환

씨다. '청송 촌놈'이라 스스로 닉네임을 이야기하는 신창환 전문가는 우리나라 최고의 주식 전문가라 해도 과언이 아니다. 네이버 프리미엄 서비스에서도 그의 콘텐츠를 이용할 수 있다.

필자가 추천하는 가장 큰 이유는 신창환 전문가의 일목균형표 강의 내용이 전 세계의 많은 전문가도 언급하지 못한 심화한 내용으로 이 분야의 최고를 자랑하기 때문이다. 일목균형표는 주식 및 선물 거래에도 적용되며 실전 매매에 크게 도움이 되는 지표로 그의 비기가 고스란히 전달되고 있다. 초보자들부터 중급이상의 트레이더들이 반드시 보아야 할 콘텐츠로 강력히 추천한다. 일목균형표 외 다른 보조지표들에 대한 콘텐츠들도 많은 도움이 된다.

김프로

모의투자 연습 시 가장 도움이 될 유튜브 영상으로 필자가 우선 추천한다. 인기가 좋아 유사 명을 사용하는 유튜버들도 있기에 유의하여야 한다. 오랜 시간 동안 꾸준히 동영상이 업데이트 되었고 어디에서도 보기 힘든 콘텐츠가 많아 초보부터 중급 트레이더들이 반드시 봐야 할 멋진 내용들이 다수이다. 무료 모의투자 연습 프로그램을 다운 받아 실습하는 데 도움이 된다.

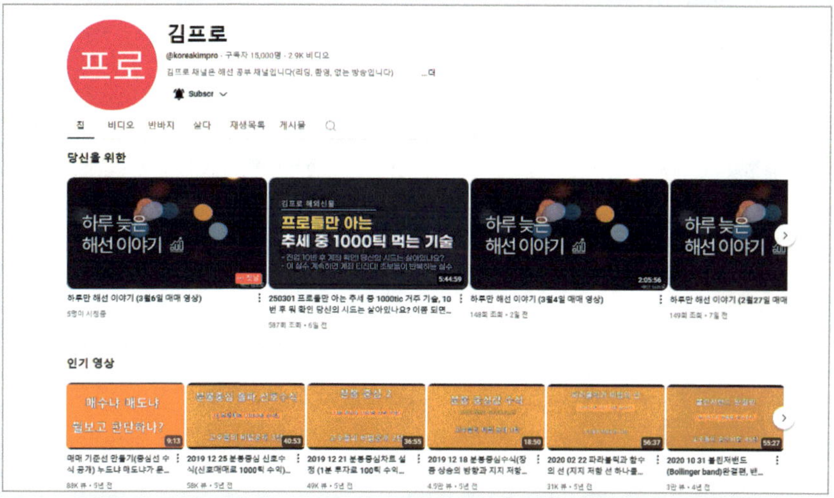

해외 선물을 전문으로 하고 있고 특히 나스닥지수선물 중심으로 강의가 구성되어 있고, 최근에는 비트코인 선물도 다루고 있다. 최근에는 세력 차트를 개발하여 매매에 도움이 되게 하였고 많은 거래 스킬을 배울 수 있다.

주식차트에 날개를 달자

주식을 전문으로 한 콘텐츠가 충실히 쌓여 있는 우수 동영상으로 추천한다. 물론 선물 트레이더들이 반드시 알아야 할 차트의 기초 지식을 부족함 없이 얻을 수 있다. 네이버에 블로그도 운영 중이며 차트와 관련하거나 수식 작성 시 게시판을 통해 문의하면 운영자가 성실히 답변해 주는 것으로 정평이 나 있다. 특히 수식 기초와 매매 전략 등에 대한 운영자의 비기가 담겨 있는 책자도 구매할 수 있다.

초보 선물 트레이더들에게는 너무나 도움이 되는 내용들로 구성되어 있고 추후 시스템 트레이딩을 준비한다면 전략 및 수식 수립에 이보다 더 좋은 무료 콘텐츠는 없다고 감히 소개한다.

친절한 재승씨

체계적인 콘텐츠가 깔끔하게 정리되어 있고, 말 그대로 친절한 강의로 동영상 청취 내내 친근함을 느낄 수 있다. 비록 주식 전문 관련 동영상으로 구성되어 있지만 선물 트레이더들에게도 선물 거래에 반드시 도움이 될 기초 지식이 많이 포함되어 있다. 절제된 구성으로 철저히 객관적 지식 전달에 충실하여 초보자들이 교과서처럼 필독하여야 할 좋은 콘텐츠로 호평받는다.

2. 초보 트레이더 8주 완성 프로그램

체계적인 단계별 학습으로 실전 트레이딩 역량 확보

1주차 : 계좌 개설 + 기본 툴 세팅

❖ 이행 사항

- 국내/해외 증권사 비교표 작성 (수수료, 모의투자 지원 여부)
- HTS 설치 + 기본 기능 익히기 (차트, 주문창, 보조지표)

❖ 주의 사항

- 모의투자 가능한 증권사 필수 선택 (예: 키움증권 영웅문 HTS)
- HTS 단축키 PDF 저장해놓기

2주차 : 이론 학습 + 용어 정복

❖ 이행 사항

- 선물 거래의 핵심 개념 완벽 이해
- 유튜브 강의 1일 1편 시청(추천 채널: 트레이더 지니, 금융의 신)
- 서적 1권 독서(왕초보 선물투자)

- 용어집 작성 (롱/숏, 청산가, 롤오버, 베이시스 등)

❖ 주의 사항

- 모르는 용어는 즉시 네이버 금융 사전 검색

3~4주차: 차트 분석 + 모의투자

❖ 이행 사항

- 보조지표 활용 능력 배양
- 3대 보조지표 선정(예: MACD, RSI, 이동평균선)
- 나만의 차트 템플릿 제작(시간, 색상, 알림 설정)
- 모의투자 20회 이상 실행(매일 1~2회)

❖ 주의 사항

- 모의투자 결과 일지 작성(성공/실패 원인 분석)

5~6주차: 전략 수립 + 시스템 구축 규칙 기반 트레이딩 룰 수립

❖ 이행 사항

- 전략 시트 작성(진입/청산 조건, 손절/익절 비율)
- 키움증권 시스템트레이딩 (시그널메이커), YesTrader, 트

레이딩뷰/핀스크립트 등으로 간단한 시스템 코드 작성

- 백테스팅 10회 이상(과거 3개월 데이터로 검증)

❖ 주의 사항

- 승률 50% 미만 전략은 즉시 수정

7~8주차: 실전 테스트

❖ 이행 사항

- 마이크로 나스닥 1계약으로 안정화
- 실전 계좌에 최소 금액 입금(예: 300만 원)
- 1계약만 거래하며 심리 관리 훈련
- 주간 수익률 리포트 작성(목표: 월 3% 이상)

❖ 주의 사항

- 레버리지는 5배 이하로 제한
- 같은 날 손실 2회 발생 시 거래 중단

주간 체크리스트 & 팁

- "매일 HTS 화면 보기" 습관화
- 경제 캘린더 구독(미국 금리, 고용지표)

- 오전 9시 전략 회의(10분) → 당일 거래 룰 설정
- 금요일 오후 3시 주간 성과 반성 회의

학습 성공 핵심 원칙

- 절대 모의투자 생략 금지
- 1일 최대 거래 횟수 설정(예: 3회)
- 손절은 로봇처럼, 익절은 인간처럼
- 트레이딩 일지는 꼬박꼬박

- 이 책은 인간 작가와 AI의 공동 창작물입니다.
- 주요 서사 구조 설계: 양창수
- 스토리텔링 보조 및 삽화: Chat-GPT4o, DeepSeek-R1-Lite-Preview, Claude3.5

해외선물투자의 이해

차트에 살자

2025년 8월 7일 | 제1판 1쇄 인쇄
2025년 8월 14일 | 제1판 1쇄 발행

지 은 이 박용화, 양창수
발 행 인 이민동
발 행 처 (주)서울경제경영출판사
북 디 자 인 에이팩토리

주 소 03767 서울특별시 서대문구 신촌로 205, 201호
전 화 02) 313-2682
팩 스 02) 313-8860
등 록 1998년 1월 12일 제5-63호

ISBN 979-11-6282-141-1 93320
정가 25,000원